Sigrun Hintzen

Joseph Beuys und die Musik

Sigrun Hintzen

Joseph Beuys und die Musik

Tectum Verlag

Sigrun Hintzen
Joseph Beuys und die Musik

ISBN 978-3-8288-4666-1
ePDF 978-3-8288-7744-3

Umschlaggestaltung: Tectum Verlag, unter Verwendung eines Detail aus „Beuys: Ja ja ja ja ja, Nee nee nee nee nee – Notation von Edi D. Winarni“, Düsseldorf 2011

Gesamtverantwortung für Druck und Herstellung bei der Nomos Verlagsgesellschaft mbH & Co. KG

Printed in Germany

Besuchen Sie uns im Internet
www.tectum-verlag.de

Bibliografische Informationen der Deutschen Nationalbibliothek
Die Deutsche Nationalbibliothek verzeichnet diese Publikation in der Deutschen Nationalbibliografie; detaillierte bibliografische Angaben sind im Internet über http://dnb.d-nb.de abrufbar.

Inhalt

„Die Musik war bei Beuys eine Art innerer Disposition."
Hans van der Grinten

1. Was hat Beuys mit Musik zu tun?

Joseph Beuys sang am 9. Juni 1982 bei einer Friedensdemonstration auf den Bonner Rheinwiesen, verstärkt von der Gruppe BAP, den Titel „Sonne statt Reagan". Die davon gepresste Schallplatte fand reißenden Absatz. Es war ein kurzer Ausflug in die Popmusik.

Doch hier geht es um etwas anderes. Im September desselben Jahres erklärte Beuys in einem Interview seinen Musikbegriff: „Also für mich ist der Musikbegriff ein weit höherer als nur die physische Übermittlung mittels Schallwellen, die irgendwo erzeugt werden und das Ohr erreichen. Also ist für mich die Musik ein viel weitgehender Begriff, der Harmonie oder Disharmoniebegriff, die Proportionierung der Kräfte in der Musik, die Energiefrage in der Musik …"[1]

Kompositionen, musikalische Elemente, musikalisches Material, Klänge, Geräusche, Instrumente und Partituren durchziehen in zahlreichen Variationen das Werk von Joseph Beuys und stehen in engem Kontext zueinander: „Das tonale Element, zusammenkommend aus Musik im herkömmlichen Sinne, aus skulpturaler Schöpfung und aus der Plastischen Theorie, integriert sich nahtlos als Stilelement in das Gesamtkunstwerk des Künstlers Joseph Beuys."[2]

---

1 Beuys im Gespräch mit Gottfried Tollmann: „Beuys keep swinging", in: SPEX Musik zur Zeit, Nr. 9, Sept. 1982, S. 20

2 Reiner Speck: „Beuys und Musik", in: Joseph Beuys. Multiples, Bücher und Kataloge, Kassel, 1975, o. S.

Über das, was ihn speziell interessierte, gab Beuys in einem Interview Auskunft: „Sagen wir einfach, das Akustische und das Tonelement ist vielleicht ein wichtiger und genauerer Begriff, als einfach nur von Musik zu sprechen. Das zieht mich ganz weg vom traditionell Musikalischen. Es ist nicht so, als würde ich ständig Konzerte hören. Die höre ich fast nie. Ich interessiere mich generell und im Prinzip für die Musik. Aber hauptsächlich für eine akustische, geräuschmäßige, tonmäßige Choreographie der Tätigkeiten meiner Arbeit und für eine Choreographie der Welt."[3]

Wenn man das Musikalische in den Werken von Beuys erst einmal entdeckt hat, wird schnell verständlich, warum er auch aus der Musik Motive beziehen muss. Musik ist Bestandteil der vom immer im Zentrum stehenden Menschen ausgehenden Denk- und Handlungsmöglichkeiten. Musik und sogar der bloße Klang sind Teil der menschlichen Erlebniswelt und gehören als ein Ausdrucksmittel zu den Produkten seines Tuns, seiner Kreativität.

Bei seinen Gesprächen auf der Documenta 5/1972 erklärte Joseph Beuys: „Wie sieht das erste Produkt des Menschen aus ‹…›? Wo fängt das an? Es fängt im Denken an, im Fassen von Ideen. ‹…› Dass man dann mit mehr Bewusstsein die weitere Materialisierung zu der Form schafft durch Sprache oder durch Schrift. Es kommt ja im Ganzen mehr und mehr materialisierte Form, Ausdrucksmittel kann man sagen … ob es sich um Sprache handelt oder um Schrift oder um Tanz oder um Musik – also Klang – oder Farbe, Malerei – oder Form, Skulptur usw. – hat mich das also von Anfang an in dieser Reihenfolge interessiert."[4]

3 Beuys im Interview mit Keto von Waberer „Das Nomadische spielt eine Rolle von Anfang an", in: Carl Haenlein (Hrsg.): Joseph Beuys. Eine innere Mongolei, Hannover 1990, S. 211

4 Clara Bodenmann-Ritter (Hrsg.): Joseph Beuys. Jeder Mensch ein Künstler. Gespräche auf der Documenta 5/1972, Frankfurt/M. 1991[3], S. 93

Der Klangwelt misst Beuys dabei einen besonderen Stellenwert bei: „… da könnte man natürlich über sehr viele Prinzipien der Rhythmen, der Bewegung, der Proportionierung – und wie alle diese Dinge in der Klangwelt sozusagen die menschliche, den Menschen aufrichten können und zu einem gesunden Wesen machen können. Ich meine jetzt ‚gesund' nicht in einem ganz banalen Sinne, sondern ihn kräftigen können als Menschen und damit, sagen wir einmal, als ganz wichtig besprochen werden muss. Dass die Klangwelt – sagen wir, in unserer Zeit muss man es schon fast sagen – mindestens so wichtig ist wie die Welt einer chemischen Erfindung ‹…›."[5]

5 Theo Altenberg/Oswald Oberhuber (Hrsg.): Gespräche mit Beuys. Joseph Beuys in Wien und am Friedrichshof, Klagenfurt 1988, S. 140

2. Musik als Element des „erweiterten Kunstbegriffs“

Der von Beuys entwickelte „erweiterte Kunstbegriff“ ist nicht bloße Theorie, sondern eine Grundformel, die sich verändernd auf das gesamte Sein auswirkt. Dementsprechend ist auch die Musik ein Element dieser Formel, sie gehört zum Kreativitätspotential des Menschen, sie ist Bestandteil der Darstellung des „erweiterten Kunstbegriffs“ in einem frühen handschriftlichen Manuskript.[6] Hier heißt es:

Musik

das Leiden
die Wärme Contergankind[7]
der Klang
die Zeiterfüllung

Der Begriff der Zeiterfüllung ist zu erklären mit „durch Musik erfüllte Zeit“[8]. Der Einsatz von Musik bei Aktionen verdeutlichte immer die Zeitdimension. Die Frage der zeitlichen Dauer – und Musik besteht nur im Zeitverlauf – war im Zusammenhang mit der räumlichen Dimension immer wichtig gewesen.

---

6 Vgl. Abb. in Heiner Stachelhaus: Joseph Beuys, München 1990², S. 80–81
7 Zum Begriff des Contergankinds siehe auch Kapitel 5.5.
8 Hans van der Grinten im Gespräch mit der Autorin im Hause van der Grinten, 2. November 1991, Kranenburg

Ein weiterer wichtiger Aspekt ist, dass Beuys das Verständnis von Skulptur um das Element des Akustischen erweitert hat. Dabei spielt alles eine Rolle, was Klang ist – vom Geräusch bis zum Konzert.

3. Die hörbare Plastik

„Beim Hören ist es etwas anderes. Deswegen ist es wichtig, dass man auch Bilder hört und Skulpturen mit dem Ohr wahrnimmt usw."[9] Diese Forderung von Beuys würde bezogen zum Beispiel auf die motorisierten Klang- und Geräuschplastiken eines Jean Tinguely nicht verwundern, hier muss sie jedoch in erläuternde Zusammenhänge eingeordnet werden.

Schon für die Erfassung der Skulpturen von Wilhelm Lehmbruck forderte Beuys den Einsatz anderer Sinnesorgane als nur der Augen. Die Ohren sollen geöffnet werden, das Hörende macht er zu einer neuen Kategorie der Wahrnehmung von Skulptur. In Beuys' Theorie plastischer Gestaltung ist die Plastik ein energetischer Prozess, erlebbar als pulsierende Kraft, als Akustik. Dementsprechend ist Plastik hörbar, zum Beispiel im Rhythmus des Herzklopfens.[10] Seine Aktionen und Installationen sind akustische Plastik, Hör-Plastik.

Beuys erläutert den Unterschied von Seh- und Hörvorgang: „Der Hörprozess ist etwas ganz anderes als der Sehprozess. Er spielt sich ja formal ganz anders ab. Wenn ich den Hörprozess einseitig gelten lasse, dann betone ich damit das Raumelement, das anders ist als beim Sehprozess. ‹…› Der Hörvorgang ist urtümlicher. Der Ton geht in ein Loch hinein, dann in die Spiralgänge. Dieses hat also eher etwas

9 Beuys zitiert nach Volker Harlan: Was ist Kunst? Werkstattgespräch mit Beuys, Stuttgart 1986, S. 23

10 Vgl. Heiner Stachelhaus, Joseph Beuys, S. 91

Mythisches, so wie ein Labyrinth, es ist offensichtlich das dunklere Prinzip."[11] Das Phänomen des Spiralganges liegt auch den Zeichnungen „Worte die hören können"[12], 92 Bleistiftzeichnungen auf linierten Kalenderblättern aus einem Notizbuch von 1979, zugrunde. So, wie kein Ohr dem anderen gleicht, variiert Beuys hier schraffierend die Spirale des Gehörgangs.

Beuys beteiligte sich an einem Konzert in der Fluxus-Tradition, bei dem Schulkinder zum Mitmachen aufgefordert wurden. Er spielte, mimte, sang und tanzte. Dabei führte er einen Stock mit der Spitze an sein Ohr, lauschte einer zu entschlüsselnden Botschaft und erklärte: „Das ist jetzt die Luft, oder das sind die Schallwellen ‹…›. Das sind auch wirkliche Plastiken, die man zwar nicht physisch sieht, aber die Luft wird bearbeitet, der Kehlkopf wird bearbeitet, der Mundraum artikuliert ‹…› Bei dem, der die Plastik aufnimmt, bohrt sie sich in das Ohr ein. ‹…› Das Ohr muss gesehen werden als ein plastisches Rezeptionsorgan. Ich komme dann auch logischerweise darauf, dass das Ohr besser in der Lage ist, Plastiken aufzunehmen als das Auge."[13]

Im Kontext der sozialen Plastik wird der Einsatz von Klang als plastisches Material schlüssig. Für Beuys ist Plastik jedoch nicht nur hörbar, wenn Klangmaterial beteiligt ist, aber Klang ist in jeder Hinsicht Material zur Herstellung einer Plastik. Hinsichtlich des Einsatzes von Klang bei den Fluxus-Aktionen erklärte er: „Then there was the use of sound as a sculptural material to enlarge the whole understanding of sculpture from the point of view of using materials. Therefore not

11 Beuys zitiert nach Mario Kramer: Joseph Beuys. Das Kapital Raum 1970–77, Heidelberg 1991, S. 172

12 Abb. in Karin v. Maur (Hrsg.): Vom Klang der Bilder, München 1985, S. 294, Abb. 456

13 Beuys zitiert nach Christos M. Joachimides: Joseph Beuys. Richtkräfte, Berlin 1977, S. 7

only solid materials like metal, clay, stone, but also sound, noise, melody using language – all become the material of sculpture“[14].

Bereits frühe Werke, vor allem Zeichnungen tragen diese Phänomene in ihren Titeln: „Klangbild“, „Plastik mit Akustik“, „Instrument zum Ohrenkonzert“ (überreicht durch Nam June Paik nach einer Idee von Terry Riley) oder „Demonstration Takt – Rhythmus“.[15]

Eine Tinten-Zeichnung mit dem Titel „Erdhorcher“[16] entstand 1957. Am rechten Bildrand liegen drei menschliche Figuren mit dem Gesicht zum Boden, dem Ohr in Erdnähe. Sie bilden jeweils das Ende von drei waagerechten Linien, die zwei von der linken unteren Ecke bis zur rechten oberen Ecke diagonal verlaufende Hügelketten durchziehen und an eine Pulsfrequenz der Erden denken lassen. Der 1968 gemalte Kopf eines Schamanen[17] trägt einen Kopfhörer. Welche akustische Botschaft er darüber empfängt, lässt sich nur erahnen.

14 Beuys zitiert nach Caroline Tisdall: Joseph Beuys, New York 1979, S. 86
15 Vgl. Reiner Speck: „Beuys und Musik“, in: Joseph Beuys. Multiples, Bücher und Kataloge, o. S.
16 Abb. in Carl Haenlein (Hrsg.): Eine innere Mongolei, Abb. 40
17 Abb. in J. Beuys. An Exhibition based on the Ulbrich Collection, Tokio 1984, S. 56, Abb. 42

4. Akustische Aspekte und musikalisches Material

Im Katalog zur Ausstellung 1961 im Museum Haus Koekkoek in Kleve schreiben die Brüder van der Grinten: „so ist Beuys' Verhalten zu seinen Figuren davon bestimmt, dass er vor allem anderen dem Material seine Bedingungen ablauscht, ohne sich irremachen zu lassen durch Geräusche von außen."[18]

In seinen Aktionen und Installationen setzte Beuys verschiedene akustische Materialien ein, die über den Weg des Klanglichen, also im weitesten Sinne des Musikalischen, seine künstlerische Idee transformierten. Das Akustische seiner Arbeiten wird „auch archetypisch oder assoziativ in Umwandlungsvorgängen oder durch Bedeutungswandel ausgedrückt."[19] Hierzu passt eine frühe Bleistiftzeichnung von 1954 mit dem Titel „Horchen!"[20], sie zeigt einen angedeuteten Tierkopf, der von akustischen Phänomenen, von flimmernden Strichen, Schwingungskurven und Rotationen umkreist wird.

---

18 Franz Joseph und Hans van der Grinten im Katalog Joseph Beuys. Zeichnungen, Aquarelle, Ölbilder, plastische Bilder aus der Sammlung van der Grinten, Städt. Museum Haus Koekkoek, Kleve 1961, zitiert nach Beuys vor Beuys. Frühe Arbeiten aus der Sammlung van der Grinten. Zeichnungen, Aquarelle, Ölstudien, Collagen, Köln 1987, S. 242

19 Dirk Stemmler: Zu den Multiples von Joseph Beuys, Bonn 1977, S. 34

20 Abb. in Franz Joseph van der Grinten: Joseph Beuys. Bleistiftzeichnungen 1946–1964, Frankfurt/M. 1973, Abb. 66

Zum Material einzelner Objekte von Beuys gehören Schallplatten. Die „Musikbox“[21] (1962/63) besteht aus einer viereckigen Fläche, auf der senkrecht eine Schallplatte steht, die von Wellkarton gehalten wird. Vor ihr steht ein Knochen auf einem Sockel als eine Art Abspielarm. Ein weiteres Objekt wird durch den Leuchtturm auf einer Schallplatte zur „Ozeansymphonie“. Auch beim „Stummen Grammophon“[22] (1961) dient ein Knochen als Tonabnehmer, der auf dicken Draht gezogen von links über die auf einem Karton liegenden Schallplatte ragt. Zwei Jahre später greift Beuys das Objekt in einem Bild mit dem Titel „Stumme Grammophone“[23] wieder auf. Dreht man dieses Bild um 90° nach rechts, erinnert die dargestellte Form an den Trichter eines alten Grammophons.

In seinen Aktionen benutzte Beuys Aggregate, Empfänger, Filter, Mikrophone, Kondensatoren, Tonbandgeräte und Lautsprecher als elektronische Klangträger und -übermittler, aber auch akustische Instrumente wie Klavier, Cello, Becken und Triangel. Orchesterbecken, die er eigens im Orient hatte anfertigen lassen, setzte er Ende Mai 1969 bei der Aktion „Iphigenie/Titus Andronicus“ in der Akademie der darstellenden Künste in Frankfurt/Main ein. Als weiteres Akustikmaterial begleitete die Aktion ein laufendes Tonband mit Textmontagen aus Shakespeares „Titus Andronicus“ und Goethes „Iphigenie auf Tauris“.

Orchesterbecken stehen auch in der Vitrine „Palazzo Regale“ (1985), sie sind jedoch nicht identisch mit denen aus der genannten Aktion. Außerdem gehören zum Inhalt der Vitrine das Gehäuse einer großen Schnecke, das Beuys bei der Besetzung des Sekretariats der Düsseldorfer Akademie am 10. Oktober 1972 als Blasinstrument verwendete. Bei der Aktion „I like America and America likes me“ gab

21 Abb. in Heiner Bastian (Hrsg.): Skulpturen und Objekte, München 1988, S. 159
22 Abb. ebd., S. 157
23 Abb. in Joseph Beuys. Braunkreuz, Nijmegen 1985, S. 90

Beuys hin und wieder akustische Signale mit einer Triangel, die er sich umgehängt hatte.

Zum Einsatz dieses im weitesten Sinne ikonographischen Materials erklärt Franz Joseph van der Grinten: „Mit geringem Aufwand, mit der Beschränkung auf wenige unerlässliche Elemente, mit äußerster Sparsamkeit der Mittel werden Gebilde geschaffen, die zugleich zart und spröde, poetisch aber ohne Sinnenreiz sind. In kluger Askese schließt der Künstler Materialien aus, die schon an sich durch ihre Schönheit gefangen nehmen könnten. ‹…› Leise sind die Akzente, die Beuys setzt, gerade bestimmt genug, um unmissverständlich zu sein. Fast unwägbare Klänge werden zur Resonanz gebracht“[24]

Viele Elemente, die bei der musikalischen Gestaltung der Werke eine Rolle spielten, entsprechen dem Trend ihrer Zeit. Die Bewegung der Klangrichtung im Raum war üblich. Längst saßen die Musiker in den Konzerten der Avantgarde nicht mehr nur frontal und an einem festen Platz vor dem Publikum. Seit Mitte der 1950er Jahre war der Zufall bzw. die Aleatorik einhergehend mit der Wiederbelebung der Improvisation häufiger Bestandteil von Komposition und Interpretation. Spätestens mit Beginn der 1970er Jahre wurde Klang und Geräusch nicht mehr unterschieden. Letzteres war mit dem Ideal der „Geräuschmusik“ der Schöpfer der „musique concrète“ zu einem eigenständigen Element der Kunstmusik geworden. Hans van der Grinten zu den Aktionen von Beuys: „Es gibt bei ihm keine Aktion ohne Geräusch“[25] und „musikalisch ist die Skala der Geräusche deswegen zu nennen, weil bei Beuys das Geräusch die Musik gebiert und umgekehrt.“[26]

24 Franz Joseph van der Grinten im Kranenburger Beuys-Katalog 1963, zitiert nach Heiner Stachelhaus, Joseph Beuys, S. 160/61

25 Hans van der Grinten, Gespräch 2. November 1991, Kranenburg

26 Zitiert nach Reiner Speck: „Beuys und Musik“ in: Joseph Beuys. Multiples, Bücher und Kataloge, o. S.

Eine Immatrikulationsfeier im Herbst 1967 in der Düsseldorfer Kunstakademie eröffnete Beuys mit einem zehnminütigen Solo vor Mikrophon, dem „ÖÖ-Programm". Er bellte, pfiff, zischte und röhrte. Auch bei anderen Aktionen setzte Beuys Geräusche ein, die er vom Mikrophon verstärkt an das Publikum sendete. Hier kommt die Stimme als humanes Instrument und in der Resonanz auch der Körper als Klangmaterial zum Einsatz. Dann wieder diente ein Tonbandgerät als Geräuschquelle, generell kam in den Aktionen „die für die Musiker der späten 60er und frühen 70er Jahre immer mehr an Bedeutung gewinnende Elektronik"[27] in Form von Mikrophonen und Tonbandgeräten dazu.

Die Auffassung von Material als materieller aber auch geistiger Substanz stützt die Bedeutung der verwendeten Materialien, insbesondere der Instrumente: „Material ist für Beuys also Substanz ‹…› von einer Qualität, die es erlaubt, unter definitorischer Voraussetzung der Autonomie das Material unverfremdet einzusetzen. ‹…› Im Durchgang von der Ablösung vom traditionellen Materialverständnis – entsprechend dem Symbolverständnis – über den Material-Realismus – entsprechend der Bildidentität – lädt Beuys den Stoff wieder mit neuer Bedeutung auf."[28]

Die Quellen von Klang sind bei Beuys immer plastische Objekte, die keineswegs immer einem klassischen Instrument entsprechen. Diese Objekte und vor allem die benutzten Klaviere riss Beuys „aus ihrer dienenden Funktion heraus und verselbständigt sie, um ihren grundsätzlichen Wert sichtbar zu machen."[29] Das Instrument wird zur Figur, das Objekt wiederum zum Instrument – ein künstlerischer Verwandlungsprozess, der sich mehr und mehr verselbständigt.

27 Peter Gradenwitz: Wege zur Musik der Zeit, Wilhelmshaven 1974, S. 206

28 Theodora Vischer: Beuys und die Romantik, Köln 1983, S. 29

29 Franz-Joachim Verspohl: Joseph Beuys. Das Kapital Raum 1970–77, Frankfurt/M. 1990², S. 46

4.1. Vertraute Instrumente Klavier und Cello

„Beuys als Pianist ist fast
so gut wie Backhaus.“[30]
Nam June Paik

Das Klavier gehört bei den Aktionen und Installationen von Joseph Beuys zum obligatorischen Instrumentarium, vereinzelt taucht auch ein Cello auf. Das ist kein Zufall. Der Gymnasiast Beuys nahm Cello- und Klavierunterricht.[31] Dennoch antwortete er auf die Frage, was für eine musikalische Erziehung er gehabt habe: „Eigentlich keine, bis auf ein paar Klavierstunden. Ich habe mir eigentlich alles, was ich davon weiß, selbst herausexperimentiert.“[32]

Beide Instrumente, Cello und Klavier, waren Beuys also vertraut. Eine erste Voraussetzung für deren Verwendung: „The acustic element and the sculptural quality of sound have always been essential to me in

30 Nam June Paiks Unterschrift zu Fotoaufnahmen von Beuys am Flügel, in: Johannes Stüttgen (Hrsg.): Similia Similibus. Joseph Beuys zum 60. Geburtstag, Köln 1981, S. 104. Gemeint ist der deutsche Pianist Wilhelm Backhaus (1884–1969), bekannt vor allem als Beethoven- und Brahmsinterpret.

31 Hans van der Grinten, Gespräch am 2. November 1991, Kranenburg: „Sein Cello-Lehrer war in Kleve der Maler Karl Klesa, ein gebürtiger Wiener. Klavierunterricht gab ihm vermutlich der Dorforganist in Rindern. Im Elternhaus stand ein Klavier, und auch in Düsseldorf hatte Beuys ein altes Hammerklavier, das ihm jemand geschenkt hatte. Er spielte oft darauf. Er sang auch sehr viel und kannte fast alle Volkslieder. Wenn man mit ihm im Auto fuhr, sang er oft stundenlang. Die Musik war bei Beuys eine Art innerer Disposition.
Sein Cello war vermutlich ein geliehenes Schulinstrument. Beuys war erster Cellist im Schulorchester unter der Leitung von Hans Schwarz, einem überzeugten Nationalsozialisten. Obwohl in dem Orchester nur Gymnasiasten spielten, war es das ‚Bann-Orchester‘ des ‚Bannes Kleve‘. Nach erfolgreicher Teilnahme an einem Wettbewerb auf Gau-Ebene in Essen wurde es das ‚Gebietsorchester‘. Die Schüler spielten immer in brauner Uniform. In Düsseldorf wirkte er oft beim Bachverein und beim Collegium Musicum als Umblätterer mit.“

32 Beuys im Interview mit Keto von Waberer „Das Nomadische spielt eine Rolle von Anfang an“, in: Carl Haenlein (Hrsg.): Joseph Beuys. Eine innere Mongolei, S. 212

art, and in terms of music maybe my background in piano and cello drew me to them."[33]

Die Musikinstrumente wurden, wie andere Objekte auch, in ihrer Verwendung oftmals verfremdet und erhielten damit eine neue Bedeutung. Ein Beispiel dafür ist das Bild „Drei alte zerstörbare Klaviere"[34]. Der Titel deutet bereits auf die Zerstörung von Klavieren bei Fluxus-Aktionen hin. Auf dem Bild sind keine Klaviere zu sehen, sondern kalligraphische Spuren von Lautmalerei und vier von einem zentralen Punkt ausgehende Spiralen, vielleicht die optische Umsetzung von Lauten, Klängen, die in verschiedene Richtungen schallen.

Gerade das Klavier wurde als Element der Environments immer wieder in neue Zusammenhänge gebracht. Beuys über sein besonderes Verhältnis zum Klavier: „Ich habe nie viel Klavier gespielt. Nie viel. Ich habe immer die Vorstellung gehabt, wenn man sich für musikalische Dinge interessiert, soll man nicht Klavier spielen. Es ist für den musikalischen Ausdruck besser, man übt nicht Klavierspielen, sondern man behält das im Sinne, das Musikalische. Ich hatte schon als Kind die Erfahrung, je weniger ich übe, umso besser werden die Töne. Ich hatte auch das Gefühl, wenn ich drei Jahre das Klavier nicht angerührt hatte, dass ich dann viel mehr gelernt hatte, als wenn ich dauernd während der drei Jahre gespielt hätte. Natürlich hätte ich so nie Virtuose werden können, aber das habe ich ja gerade bekämpft, dieses Virtuosentum."[35]

Auch für den Flügel als musikalisches Aktionsmaterial, den wir sofort als konventionelles Musikinstrument identifizieren, gilt: „Allerdings erst durch den sehr konzentrierten Einsatz ihres stofflichen Eigenwer-

33 Beuys zitiert nach Caroline Tisdall: Joseph Beuys, S. 86

34 Abb. in Joseph Beuys. Braunkreuz, S. 94

35 Beuys im Gespräch mit Georg Jappe: „Am Klavier Joseph Beuys", in: Kunst Nachrichten, Heft 3, Mai 1985, S. 74

tes ‹…› werden diese ‹…› trivialen Materialen zu bedeutungsvoller Substanz. Ihre objektiv erkennbare Materialität tritt zurück zugunsten ikonographischer, über den gewohnten Gebrauch hinausgehender Assoziationsverweise."[36] Das „Revolutionsklavier"[37] von 1969 zum Beispiel hatte Beuys während einer Aktion als Träger einer revolutionären Idee mit roten Rosen geschmückt.[38]

Das Klavier setzte Beuys auch bei seinen Fluxus-Aktionen ein. Allerdings wurde es nicht so regelmäßig unspielbar gemacht, wie es andere Fluxus-Akteure praktizierten. Das Klavier gehörte zu jeder Fluxus-Aktion dazu. 1966 ist in einer Rezension des Buches „Happening, Fluxus, Pop Art, Nouveau Réalisme" von Jürgen Becker und Wolf Vostell zu lesen: „An einer Hand lassen sich die Requisiten herzählen, die zum Repertoire ihrer Veranstaltungen gehören: Da ist neben der Atombombe und den Motiven aus der großen Politik vor allem die Gasmaske, die nackte Frau und - bei den musischen unter den Fluxus-Autoren – das zerhackte Klavier. Die deutsche Nachromantik hat nicht öfter und eintöniger den Mond besungen, als die Fluxus-Leute ihre Klaviere zerhackten. Ich gebe zu, auch von zerschmetterten Geigen hört man gelegentlich."[39]

Viele Musikinstrumente wurde von der Fluxus-Bewegung geopfert, und dabei hatte man es vor allem auf die Klaviere abgesehen. Sie wur-

36 Götz Adriani/Winfried Konnertz/Karin Thomas: Joseph Beuys. Leben und Werk, Köln 1973, S. 59

37 Abb. in Caroline Tisdall, Joseph Beuys, S. 178, Abb. 284

38 Hans van der Grinten, Gespräch 2. November 1991 dazu: „Leider dauerte es nicht allzu lange, da war von den Rosen nicht mehr viel übrig. Daraufhin klapperte er die umliegenden Gärtnereien nach Baccara-Rosen ab, was ungefähr einen ganzen Tag in Anspruch nahm. Das Klavier wurde neu bestückt und sofort mit einem Glaskasten geschützt. So steht es heute noch da. Sicher hatten die Rosen schon vor der Rose auf der Documenta eine bestimmte symbolische Bedeutung, wie zum Beispiel im Rosenkreuzertum."

39 Peter Schneider: „Zerhackte Klaviere und andere Sachen", in: ZEIT NR. 13, 25. März 1966, S. VIII

den zerschmettert, benagelt, verbrannt und anderweitig traktiert. Dass Beuys trotz der Ablehnung des im bürgerlichen Konzertleben etablierten Virtuosentums einen schonenderen Umgang mit dem Instrument pflegte, wird noch zu zeigen sein.

5. Die Fluxus-Aktionen. Zusammenarbeit mit Nam June Paik und andere Beuys-Konzerte

Die Fluxus-Konzerte brachten Musik und andere Kunstdisziplinen, akustische und optische Materialien zusammen. Schweigen, Schreien, Geräusch, Krach und Klang wurden in Spektakel vom Charakter eines Gesamtkunstwerks integriert.

„Fluxus-Lied (LA LA LA)“[40] heißt schon eine frühe Beuys-Arbeit, die 1963 bei der Stallausstellung im Hause van der Grinten in Kranenburg ausgestellt war. In einem quadratischen Pappkarton kleben drei kleine runde Tonklümpchen, versehen mit der Silbe „LA“. Beuys' Mitwirkung in der Fluxus-Bewegung nimmt innerhalb des Themas „Beuys und Musik“ einen großen Raum ein: „Von entscheidender Bedeutung wurde für Beuys zu Beginn der 60er Jahre die Auseinandersetzung mit der Fluxusbewegung.“[41] Beuys selbst zum Anfang dieser Zeit: „Meine Fluxusaktivität begann 1962, als ich mit Nam June Paik über alle möglichen Aktivitäten sprach, ‹…›. Irgendwann trafen wir uns mit Maciunas ‹…›.“[42]

40 Abb. in Joseph Beuys. Fluxus. Aus der Sammlung van der Grinten. Stallausstellung Kranenburg, Kleve, 1963, Abb. 241

41 Armin Zweite in Joseph Beuys. Arbeiten aus Münchener Sammlungen, München 1981, S. 44

42 Götz Adriani/Winfried Konnertz/Karin Thomas, Joseph Beuys. Leben und Werk, S. 49

Im Zusammenhang mit der Beteiligung an der Fluxus-Bewegung betonte Beuys den Kontakt zu deren Aktionskünstlern, insbesondere zu den Avantgarde-Komponisten John Cage und Nam June Paik, und seinen musikalischen Anknüpfungspunkt: „Ja, die Fluxusbewegung war sehr wichtig ‹…›, es waren ja gar keine bildenden Künstler, es waren ja hauptsächlich Musiker“[43] und „gerade mein Ansatz bei der Aktionskunst, der ging ja sogar von der Musik aus. ‹…› Das heißt, die Fluxusbewegung kommt aus der Musik, und das war ja in den frühen 60er Jahren für mich auch der Anfang für die Aktionskunst.“[44]

Dabei gilt es jedoch zu bedenken, dass das musikalische Tun im Fluxus nur ein Ausschnitt der gesamten Musikaspekte im Wirken von Beuys ist: „Musikalische Elemente und Stilmittel aus dem Bereich der Tonkunst sind bei ihm nicht an die vorübergehende Teilnahme am Fluxus gebunden, sondern treten vorher und nachher gleichbleibend in seinen Arbeiten auf.“[45] Wenn auch die künstlerische Arbeit von Beuys ab 1962 stärker von musikalischen Elementen geprägt ist, gibt es Bilder und Objekte mit musikalischen Bezügen schon davor, denkt man zum Beispiel an die frühen Zeichnungen.

Neu an den Aktionen ist, dass Musik jetzt zum integralen Bestandteil der synästhetischen Darbietung geworden ist, und die Niederschrift szenischer Aktionen als Zeugnis ihrer Konzepte in sogenannten Partituren und Notationen beginnt.[46]

Der Fluxus-Musiker, der auf Beuys großen Einfluss hatte, war der Cage-Schüler Nam June Paik. Die Frage, ob er wegen der Musik nach

43 Beuys in einem Interview 1975, zitiert nach Volker Harlan/Rainer Rappmann/Peter Schata: Soziale Plastik, Achberg 1980², S. 23

44 Beuys im Gespräch mit Gottfried Tollmann „Beuys keep swinging“, S. 20

45 Reiner Speck „Beuys und Musik“, in: Joseph Beuys. Multiples, Bücher und Kataloge, o. S.

46 Vgl. Auszug aus Franz Joseph van der Grinten: Joseph Beuys symphonisch, Typoskript 1985, in: Karin v. Maur (Hrsg.): Vom Klang der Bilder, S. 294

Deutschland gekommen war, bejahte der amerikanische, aus Südkorea stammende Komponist und Medienkünstler und fügte den Namen Arnold Schönbergs hinzu.[47] 1958 hatte Paik in Darmstadt John Cage getroffen. 1959 führte er eine „Hommage an Cage" auf. Beuys war als Zuschauer dabei und organisierte daraufhin ein Konzert in der Düsseldorfer Akademie, die zweite Düsseldorfer Fluxus-Veranstaltung.

Es liegt nahe, dass gerade das Überschreiten der Gattungsgrenzen und der improvisatorische Charakter der Fluxus-Aktionen Beuys zusagten. Musikalisch-Aktionistisches findet sich in Beuys' Fluxus-Zeit wie sonst in keiner anderen Schaffensperiode. Was Beuys ebenfalls an den Fluxus-Konzerten entgegenkam, war die praktische Arbeit mit Klängen in jeglicher Form und die Reduktion auf wenige eingesetzte Mittel. Dass sie nichts mit herkömmlichen Konzerten gemein hatten, entsprach zudem einer gewissen Skepsis gegenüber traditionellen Konzertformaten: „The original Fluxus concerts were organized by people whose interest was in sound rather than painting or sculpture. Hence the link with John Cage, La Monte Young, and even Stockhausen and those concerned with electronic music. But their attitude was a revolutionary one and went against the traditional idea of the concert. Works were often presented simultaneously of followed quickly one after another. Often nothing more than a piano, a ladder and a pail of water were provided. The rest was improvised."[48]

Beuys wollte mit seinen Aktionen Gegenbilder erzeugen, auch provozieren und in dieser Provokation einen Energieschub auslösen, eben „hervorrufen". Es ging nicht um bloße Provokation als Selbstzweck. Das Publikum war aufgefordert, sich von seiner Gewöhnung an vertraute Bilder zu lösen, denn das von Beuys eingesetzte Material – und damit ist auch und insbesondere das musikalische Material gemeint –

47 Vgl. Dieter Daniels: „Interview mit Nam June Paik", in: Kunstforum, Bd. 115, Sept./Okt. 1991, S. 208

48 Beuys zitiert nach Caroline Tisdall: Joseph Beuys, S. 86

schaffte durch ungewohnte Einsätze in ungewohnten Kombinationen neue Zusammenhänge. Auch Musik wird in den künstlerischen Handlungen immer kombiniert, nie absolut eingesetzt. Gerade hier lag für Beuys in der Fluxus-Bewegung die Chance, in ihrem unentbehrlichen Einsatz akustischer und musikalischer Elemente und den mit ihnen gestalteten Ausdrucksformen.

Viele ikonographische Aspekte der Fluxus-Werke von Beuys erschließen sich mit Blick auf vergleichbare Aktionen und Installationen weiterer Fluxus-Künstler.[49] Üblich ist die Verwendung von Musikinstrumenten in neuen Zusammenhängen. George Maciunas und später auch Joe Jones liefern ein „Fluxus Harpsichord". Von Joe Jones stammt auch die „Violin in Bird Cage". Geigenkästen, Zither und Xylophon wurden für sogenannte „Soundsculptures" benutzt. Der Klang als Teil eines plastischen Werkes ist hier mit Instrumenten als Klangquellen optisch umgesetzt und befindet sich in unmittelbarer Nähe zur Idee einer hörbaren Plastik, von der Beuys spricht. Weitere Einflüsse gingen sicher von Nam June Paik und seinen Werken wie zum Beispiel „One for Violin", „Sonata quasi una fantasia" oder „Prepared toy piano" aus, in denen Streich- und Tasteninstrumente immer wiederkehrende Motive sind.

5.1. Das Erdklavier

Luciano Berio schrieb ein Klavierstück mit dem Titel „Erdenklavier" (1969). Erde gilt Beuys als ein „besonders verdichtetes Medium des Ursprungs."[50] Sein Aktionsweg und die Beteiligung an den Aktionen der Fluxus-Bewegung ging 1962 von der Idee des „Erdklaviers" aus, die jedoch nicht ausgeführt wurde.

49 Vgl. Beispiele in FLUXUS etc., Cranbrook Academy of Art Museum, Bloomfield Hills, Michigan 1981

50 Dirk Stemmler: Zu den Multiples von Joseph Beuys, S. 36

Das Erdklavier sollte eine Aktion mit Klavier und Erde sein, genau genommen mit einem realen Klavier und einer Plastik aus Erde, geplant für das von George Maciunas organisierte Wiesbadener Fluxus-Festival. Beuys erklärte die möglichen und unmöglichen Versionen, seine Idee und den Begriff: „Das Erdklavier war praktisch eine Aktion für Klavier mit Erde. Es gab eine ganze Reihe von Möglichkeiten. Erstens draußen im Freien ein negatives Klavier mit Erde auszustechen, als Grube; dann die Möglichkeit, ein Klavier mit Erde zu überschütten; es gab noch eine dritte Version, und zwar ein ganzes Klavier aus Erde zu machen, die ich allerdings nicht ausgeführt habe, also einen normalen Bechstein-Flügel in Erde herzustellen; das war dann zu kompliziert, ich hatte nicht das richtige Bindemittel. Aber als Begriff war dieses Erdklavier ja viel besser, deshalb wurde es dann gar nicht realisiert. Das war also nicht eine erste Fluxusaktion, sondern eine Idee, die wir überall diskutiert haben, die ich auch mit Paik besprochen haben. Wenn ich etwa in Wiesbaden teilgenommen hätte, hätte ich etwas gemacht mit dem Erdklavier."[51]

Beuys bannte seine „Erste Idee für Erdklavier"[52] schon 1956 auf Papier. Das gleichnamige Bild besteht aus Bleistiftlinien und dunkler Beize auf Transparentpapier, das sowohl in der Waagerechten als auch in der Senkrechten von Knickfalten durchzogen, an der oberen und unteren Kante gerissen und auf bräunliches, am linken Rand ebenfalls gerissenes Papier aufgeklebt ist. Beuys Idee des Erdklaviers transportiert den dunklen Korpus des Instrumentes, der ein Klangspeicher sein kann, in eine plastische Idee, die er schon früh auf dem Papier erarbeitet: „Thematisch steht das Blatt am Beginn einer Werkreihe, in welcher der selbst pianistisch geschulte Künstler das Klavier als plastischen Körper interpretiert."[53]

51 Beuys zitiert nach Götz Adriani/Winfried Konnertz/Karin Thomas: Joseph Beuys. Leben und Werk, S. 49

52 Abb. in Franz Joseph van der Grinten/Hans van der Grinten: Joseph Beuys. Wasserfarben, Frankfurt/M. 1975, Abb. 50

53 Ebd., S. 40

5.2. Erstes Fluxus-Konzert „Festum Fluxorum Fluxus“

„Fluxus-Konzerte tendieren also dazu, Vaudevilles oder manchmal Satiren seriöser Konzerte zu sein. Bestimmt nicht ‚große Opern‘.“[54]
George Maciunas

Am 2. und 3. Februar 1963 organisierte Joseph Beuys das erste Fluxus-Konzert „Festum Fluxorum Fluxus“ in der Düsseldorfer Kunstakademie. Neben Arthur Köpcke und Nam June Paik war auch der Musiker und Komponist La Monte Young zugegen, der sich 1960 der Fluxus-Bewegung zugewandt hatte. Weitere Musiker-Namen auf dem Plakat mit dem Untertitel „Musik und Antimusik. Das Instrumentale Theater“ sind Terry Riley, György Ligeti, Bruno Maderna, Yoko Ono, Fredric Rzewski und Krzysztof Penderecki.

Beuys führte am ersten Abend eine „Komposition für 2 Musikanten“ auf. Die Musikanten verkörpern zwei kleine, auf einem Flügel gegenüber positionierte Blechspielzeug-Figuren. Die Vorführung seiner „Sibirischen Symphonie, 1. Satz“ fand am zweiten Festivalabend statt. Beuys Beteiligung an diesem Fluxus-Festival setzt einen Meilenstein in der Entwicklung seiner musikalisch geprägten Kunstaktionen, denn seitdem „sind seine Aktionen explizit als Konzerte ausgewiesen. Sie basieren auf komponierten Geräuschcollagen von Tonbändern und auf der Einbeziehung von Klavierstücken oder Improvisationen am Flügel.“[55] Nam June Paik äußerte sich bewundernd über Beuys' damaliges Klavierspiel: „here he played piano so beautifully that I could not forget that tune....Many years later I asked him wether it was a Mahler, he said Satie....Satie in 1963 was quite a venture anyway“[56].

54 George Maciunas zitiert nach Götz Adriani/Winfried Konnertz/Karin Thomas: Joseph Beuys, Leben und Werk, S. 53

55 Mario Kramer: Joseph Beuys. Das Kapital Raum 1970–77, S. 154

56 Paik 1980 in einem Brief an Wolfgang Becker (WDR), zitiert nach Johannes Stütt-

5.3. Fluxus-Solo mit Fluxus-Gesang

Im August 1964 führte Joseph Beuys unter dem Titel „Der Chef, Fluxus-Gesang“ ein Fluxus-Solo auf, das er im Dezember des Jahres im Berliner Schloss Charlottenburg wiederholte. Beuys agierte bei dieser Aktion als Klangkörper, als akustisches Objekt.[57]

An der Aktion waren zwei Spieler beteiligt, neben Beuys in Berlin zur selben Zeit der Amerikaner Robert Morris in New York. Beuys wickelte sich in eine Filzrolle ein, an deren beiden Enden ein toter Hase lag, links von ihm befand sich ein in Filz gewickelter Kupferstab, rechts von ihm eine Verstärkeranlage. Über Mikrophon hörte man Beuys – stellvertretend für den Hasen – röcheln, husten, zischen, pfeifen und seufzen. Ein Tonbandgerät spielte dazu in unregelmäßigen Abständen Musik von Eric Andersen und Henning Christiansen. Auch hier waren wieder das Erzeugen von Geräuschen und das Abspielen von Musik als akustische Botschaften Elemente der Aktion.

5.4. „24 Stunden...und in uns...unter uns...Land unter“

Das „24-Stunden-Happening“ fand am 5. Juni 1965 in der Galerie Parnass in Wuppertal statt. Auch hier war neben weiterer Fluxus-Prominenz Beuys' Wegbegleiter Nam June Paik beteiligt, der in einer „Robot Opera“ einen ferngesteuerten Roboter aus technischem Abfall einbrachte. Die Cellistin Charlotte Moorman spielte in Plastikfolie gehüllt auf ihrem Cello. Geräusche erzeugte zudem Eckart Rahn mit Tonband, Kontrabass und Blockflöte.

---

gen: Similia Similibus. Joseph Beuys zum 60. Geburtstag, S. 160. Zu Beuys und Satie siehe auch Kapitel 7.5.

57 Vgl. Dirk Stemmler: Zu den Multiples von Joseph Beuys, S. 40

Zu der Aktion gibt es eine mehrseitige Partitur[58], auf deren zweiter Seite steht

Antimusik
Antichemie)→
Antiphysik = Plastik
Antimathematik

Musik führt hier eine Reihe von Naturwissenschaften an. Entsprechend interessierten Beuys die physikalischen Aspekte von Musik, deren Übertragung durch Schallwellen von Sender zu Empfänger, die Energie, die für Musikerzeugung Voraussetzung ist. Der Beuys-Sammler Reiner Speck erklärt die Begriffsaufstellung als „Modell der Anti-Disziplinen, die in ihrer Gesamtheit die Plastik ergeben, und an deren erster Stelle die Antimusik steht."[59]

Aus den Texten zu dieser Aktion geht eine dramaturgische Gliederung anhand von Zwischenmusiken hervor, bei denen es sich einmal um ein gemeinsames Lied handelte, andere Male um Musik von Eric Andresen oder lediglich einen Zwischenruf des dänischen Komponisten und Mitakteurs Henning Christiansen.[60]

5.5. Flügel in Filz und der größte Komponist der Gegenwart

Filz ist aufgrund seiner materiellen Eigenschaften ein Wärmespeicher und Energiebewahrer. Eine Filzplastik wirkt daher wie ein Kraftwerk,

58 Abgedruckt in Caroline Tisdall: Joseph Beuys, S. 98f
59 Reiner Speck: „Beuys und Musik", in: Joseph Beuys. Multiples, Bücher und Kataloge, o. S.
60 Vgl. Ingrid Burgbacher-Krupka: Prophete rechts, Prophete links. Joseph Beuys, Nürnberg 1977, S. 60ff. Mehr zur Zusammenarbeit von Beuys und Henning Christiansen im Kapitel 7.1.

so auch in Beuys' Installation „Infiltration homogen für Konzertflügel"[61]. Im Mittelpunkt dieser Aktion in der Düsseldorfer Kunstakademie am 7. Juli 1966 stand ein vollständig in Filz gehüllter Bechstein-Flügel, stumm und seiner Klangfunktion beraubt, gekennzeichnet an den Seiten mit zwei roten Kreuzen. Unter dem Flügel stand eine Spielzeugente, die als kleiner bewegter und tönender Kontrapunkt zum isolierten Flügel quakte und mit den Flügeln schlagen konnte.

Beuys äußerte sich detailliert zu dieser Arbeit, der Energiewirkung und der schützenden Funktion der Filzschicht: „Ich habe das Klavier mit einem Fell versehen. Ein Piano hat auch ein Innenleben. Durch die Schicht von Filz ist alles, was nach außen drängt, gebremst. Es arbeitet wie eine Maschine."[62] Und an anderer Stelle bezieht er die Bedeutung der Kreuze, die Stellung des Menschen, das Bedrohliche des Schweigens mit ein und forderte zum Sprechen darüber auf: „Infiltration homogen describes the character and structure of felt, so the piano becomes an homogeneous deposit of sound with the potential to filter through felt. The relationship to the human position is marked by the two red crosses signifying emergency: the danger that threatens if we stay silent and fail to make the next evolutionary step. Such an object is intended as a stimulus for discussion, and in no way is it to be taken as an aesthetic product."[63]

Besonders wichtig war ihm der Fokus auf den isolierten Klang, den Innenton des Flügels. Das Phänomen des Innentons schreibt Beuys auch Tier und Mensch zu und kommt von dort aus zum Begriff eines Seelentons. Beuys erklärte es grundlegend so: „Also – so ein Ton, der an der Isolationsschicht praktisch nur im Innern bleibt. Das ist die Idee eines Innentones. Der physisch nicht in Erscheinung tritt, aber

61 Abb. in Götz Adriani/Winfried Konnertz/Karin Thomas: Joseph Beuys. Leben und Werk, S. 80. Abb. 108

62 Beuys in „Die Zeichnung ist Verlängerung des Gedankens". Begegnung mit Beuys, Xanten 1987, S. 33

63 Beuys zitiert nach Caroline Tisdall: Joseph Beuys, S. 168

wann man das isolierte Instrument vor sich hat, dass man den Nicht-Ton als Ton erlebt, das ist ja der Sinn. Das hat ja eine gewisse Nähe zu einem Tier. Das hat ja eine Haut, und innen ist ein Seelenleben, nehmen wir mal an, ein Ton, auch wenn das Tier nicht schreit. Das Tier hat immer einen Seelenton, eigentlich auch ein Mensch. Also dieser Ton als nichtphysischer Ton, der war gemeint."[64] Dieser innere Klang eines Lebewesens, auch einer Skulptur, einer Plastik, sei stets vorhanden, auch wenn er nicht wahrnehmbar, nicht zu hören, aber wohl doch zu spüren sei. Das bedeutet im Grunde nichts anderes, als dass hier auch immer Energie – ohne die ein Ton, ein Klang nicht entstehen kann – vorhanden ist.

Auf einer Wandtafel hatte Beuys ein Diagramm entwickelt, in dessen Zentrum folgender Satz stand: „Der größte Komponist der Gegenwart ist das Conterganking". Die Missbildungen bei Kindern durch die Contergan-Einnahme ihrer Mütter war in den 1960er Jahren ein aktuelles Thema. Die Situation dieser körperlich erheblich beeinträchtigten Wesen ist vergleichbar mit dem verstummten Musikinstrument, und das Schriftbild war als Analogie zu dem beschriebenen Innenton gemeint: der stumme, unspielbare Flügel und das nicht artikulierbare Leid des Conterganikindes.

1966 fertigte Beuys mit Tinte und Bleistift eine Zeichnung „Ohne Titel (In das Zimmer des Conterganikindes eingedrungen hilft ihm Musik der Vergangenheit")[65]. Über einem Pentagramm, einer Art magischen Zeichen, das oben links von einem schwarzen Winkel umfasst wird, steht:

64 Beuys im Gespräch mit Georg Jappe: „Am Klavier Joseph Beuys", S. 73

65 Abb. in Beuys vor Beuys. Frühe Arbeiten aus der Sammlung van der Grinten. Zeichnungen, Aquarelle, Ölstudien, Köln 1987, S. 165

Das Leiden
Die Wärme
Der Klang
Die Plastizität
        Zeiterfüllung
In das Zimmer des Contergan
Kindes eingedrungen
        Hilft ihm Musik der Ver-
        gangenheit?????????

Die Begriffe wirken wie die Akzente eines Gedankenkonzeptes. Die fünf Substantive stehen in der genau der gleichen Reihenfolge am rechten Bildrand der Partitur zu „Der größte Komponist der Gegenwart ist das Contergankind“, ebenfalls 1966 entstanden.[66] Mit Absicht steht der Begriff des Leidens im Zusammenhang mit dem Contergankind an erster Stelle. Gerade dieses Leiden ist es, was das Contergankind zum größten Komponisten der Gegenwart macht. Die zum irdischen Leben gehörende Leidenserfahrung war Beuys nur zu gut bekannt. Er verstand sie aber auch als Bewusstseinserweiterung, als Befähigung zu einem weiteren Blick auf die eigene Existenz. Möglicherweise ist sie die beste Voraussetzung für die besten, die größten Kompositionen.

Entsprechend dem eingefilzten Flügel hatte Beuys auch ein Cello mittels Ummantelung zu einer Wärmeplastik gemacht. „Infiltration homogen für Cello“ war der Titel eines Konzertes mit der Cellistin Charlotte Moorman am 9. September 1966 beim 4. New Yorker Avantgarde Festival – ähnlich der Aktion „…und in uns…unter uns…landunter…“ in Wuppertal. Das in Filz gehüllte Cello trägt ebenfalls auf der Vorderseite ein rotes Kreuz und erinnert an diese Aktion.[67]

66 Vgl. Götz Adriani/Winfried Konnertz/Karin Thomas: Joseph Beuys. Leben und Werk, S. 160
67 Abb. in Heiner Bastian (Hrsg.): Joseph Beuys. Skulpturen und Objekte, S. 209

5.6. Die Sibirische Symphonie

Die „Sibirische Symphonie“ war 1963 die erste große Aktion von Joseph Beuys. Er beschreibt selbst detailliert deren Dramaturgie, sein Vorgehen und sein Klavierspiel: „Die Sibirische Symphonie war an sich eine Komposition für Klavier. Das fängt an mit einem freien Satz, den ich selbst erfunden haben, dann habe ich ein Stück von Erik Satie eingeblendet, dann wurde das Klavier präpariert mit kleinen Tonbergen, erst wurde aber der Hase an die Schiefer-Tafel gehängt. In diese kleinen Tonberge wurde jeweils ein Ast gesteckt, dann wurde, wie eine elektrische Hochleitung, ein Draht gelegt vom Klavier bis zu dem Hasen, und dann wurde dem Hasen das Herz herausgenommen. Das war alles, der Hase war natürlich tot. Da war die Komposition, hauptsächlich klanglich, und dann wurde noch etwas an die Tafel geschrieben mit Kreide ‹…›. Das war die erste große Fluxusaktion. Meine erste überhaupt.“[68]

Am 14. und 15. Oktober 1966 wurde die Symphonie fortgesetzt mit der Aktion „Eurasia und 34. Satz der Sibirischen Symphonie – Einleitungsmotiv Kreuzesteilung“ in der Galerie 101 in Kopenhagen. Der 34. Satz der Symphonie dauerte 1½ Stunden. Auch hier gehörte ein toter Hase zum Aktionsmaterial. Zwei Wochen später wiederholte Beuys die Aktion in der Galerie René Block in Berlin unter dem Titel „32. Satz der Sibirischen Symphonie 1963“.

Eine frühe Vorarbeit zu dieser szenischen Aktion ist die Skizze „Notation zur Sibirischen Symphonie“[69] von 1962, gemalt mit Ölfarbe und Bleistift auf die Rückseite eines braunen Briefumschlags. Die gestrichelten Linien entlang der waagerechten Klebekante des Umschlags

68 Götz Adriani/Winfried Konnertz/Karin Thomas: Joseph Beuys. Leben und Werk, S. 55

69 Abb. in Franz Joseph und Hans van der Grinten: Joseph Beuys. Ölfarben 1936–1965, München 1981, Abb. 92

und die an Erdformen erinnernden rotbraunen Farbflächen muten wie eine graphische Notation an.

Ähnlich verhält es sich mit den „Geländemarkierungen (Sibirische Symphonie)“[70] (1963), die Beuys ebenfalls mit Ölfarben und Bleistift hier auf vergilbtem Werkdruckpapier aufbrachte. In drei übereinander liegenden Ebenen zeigen rotbraune Farbstreifen Erdschichten im Profil. Jeweils darüber verlaufen lineare Bleistiftmarkierungen, die sich in weiten Teilen dem Profil der Farbflächen anpassen, an einigen durch eine Kreisform markierten Stellen sich jedoch davon abheben.

Eine ähnliche Linie mit regelmäßigen Erhebungen ist auch Bestandteil der „Notation zur Sibirischen Symphonie“[71] (1962), die mit Bleistift und Fettkreide auf eine herausgerissene Buchseite gemalt ist. Hier erinnert sie an eine Frequenzlinie mit Ausschlägen, möglicherweise die Tonfrequenz eines akustischen Phänomens.

Eine weitere Vorarbeit mit dem Titel „Sibirische Symphonie“[72] (1963) malte Beuys mit Ölfarbe und Tinte auf weißen Karton. Hier ist der Teil der Aktion dargestellt, der aus der plastischen Darstellung der sibirischen Geländestruktur mit Tonklumpen und einer dieser verbindenden Schnur auf dem Deckel des Flügels bestand. Diese Installation ist an der linken Kante der in der Senkrechten mit großen Pinselstrichen angedeuteten Tastatur des Flügels zu sehen. Eine zweite Markierungslinie kreuzt die erste in der Bildmitte.

Eine weitere Bleistiftzeichnung von 1962 stellt ebenfalls die von Beuys durch Leitungen verbundenen Tonklumpen dar. Sie trägt den Titel

70 Ebd., Abb. 93

71 Abb. in Carl Haenlein (Hrsg.): Joseph Beuys. Eine innere Mongolei, Abb. 102

72 Abb. in Franz Joseph und Hans van der Grinten: Joseph Beuys. Ölfarben 1936–1965, Abb. 94

„Zur Sibirischen Symphonie“[73] und zeigt ein Linienknäuel um eine horizontale Linie mit kräftigen Markierungen.

Auch die Blätter „Für Sibirische Symphonie“ (1962) und „Notation (Versuch für Sibirische Symphonie)“ (1963) legte Beuys zu dieser Zeit an, mit Tinte gezeichnet und mit Kreuzen aus rotbrauner Ölfarbe versehen. Das Blatt „Sibirische Symphonie: Hasenplan, Hasenblut“ dehnt die zeichnende Verarbeitung des Aktionsthema auf die Handlung mit den toten Hasen aus, Beuys fertigt sie 1964 an.

Die zahlreichen Bildwerke zu der Aktion „Sibirische Symphonie“ – und die Reihe der hier genannten ist vermutlich nicht vollständig – beweisen, wie sorgfältig Beuys sich durch sie auf die Aktion vorbereitet und diese durchdacht hat: „Ein Maximum an Sinnenhaftigkeit haben die Notationen zu Szenen; die für den anwesenden Betrachter der Aktion selbst verwirrende und befremdliche Komplexität der ‚Sibirischen Symphonie‘ etwa wird in den malerischen Einzeldarstellungen nicht nur begreifbarer, sie gewinnen als Summe ‹…› die Qualität epischen Erzählvermögens, als Selbstdarstellung eines Geschehnisses auf anderer Ebene übrigens eine seltene Ausnahme.“[74]

5.7. Die Schottische Symphonie

Eine weitere Aktion benannte Beuys mit dem musikalischen Gattungsbegriff der Symphonie, die er immer in der griechischen Schreibweise verwendet, was an die ursprüngliche Bedeutung des griechischen Wortes sýmphōnos ‚zusammenklingend‘ erinnert. Den Aktionen verleiht Beuys damit auch in der Benennung Konzertcharakter: „Die Aktion als Symphonie, Symphonie als ein Konzertieren unterschied-

73 Ebd. Abb. 113

74 Franz Joseph van der Grinten „Joseph Beuys, der Maler, in: ders./Hans van der Grinten: Ölfarben 1936–1965, S. 16.

licher Elemente und Verrichtungen auf die allgemeinste Gültigkeit der Wortbedeutung gebracht und so Formel für kreativ versenktes Tun an sich."[75]

Auch zur „Schottischen Symphonie“ existieren Bildwerke, so z. B. die Zeichnung „Partitur (Celtic)“[76], entstanden im Jahr der Aktion. „Celtic (Kinloch Rannoch), Schottische Symphonie“ wurde vom 26. bis 30. August 1970 im Edinburgh College of Art aufgeführt. Auch bei dieser Aktion wirkte Henning Christiansen mit, er und Beuys wiederholten zehnmal diese vier Stunden dauernde Aktion. Beuys und Christiansen wählten den Titel bewusst in Anlehnung an die „Schottische Symphonie“ (1842) von Felix Mendelssohn Bartholdy.[77]

Die Aktionsmusik von Christiansen bestand „hauptsächlich aus Klangakkorden“[78]. Die „Schottische Symphonie“, zugleich akustischer Bestandteil der gleichnamigen Aktion, ist eine reine Klaviertoncollage, „das ist praktisch die Tonleiter nach oben und nach unten.“[79]

Zum Aktionsmaterial gehörten u. a. Kassettenrekorder, Tonbandgeräte, Klavier, Mikrophon. Das Klavier wurde dazu eingesetzt, im Rahmen der Vorbereitungen das Bandmaterial aufzunehmen. Die zwei der Aktion zugrunde liegenden Kompositionen „entstanden in der unmittelbaren Vorbereitungszeit in Edinburgh mit Henning Christiansen, der schon präparierte Tonbänder mit eingespielten Orgelvariationen und

75 Franz Joseph van der Grinten: Joseph Beuys symphonisch, Typoskript 1985, zitiert nach Karin v. Maur (Hrsg.): Vom Klang der Bilder, S. 295

76 Abb. in Joseph Beuys. Zeichnungen. Berlin 1979, Abb. 95

77 Vgl. Joseph Beuys. Das Kapital Raum 1970–77, S. 156: „Es ist ein bewusster Rückgriff auf den deutschen Komponisten, der sich 1829 auf einer Konzertreise in England befand. Mendelssohn gelangte auf seiner Reise auch nach Schottland und schrieb in einem Brief an die Heimat, er habe das Hauptmotiv für eine neue Symphonie gefunden.“

78 Franz-Joachim Verspohl: Joseph Beuys. Das Kapital Raum 1970–77, S. 40

79 Joseph Beuys im Interview mit Mario Kramer, in: Joseph Beuys. Das Kapital Raum 1970–77, S. 11/12

Geräuschcollagen mit gesprochenen Texten mitgebracht hatte."[80] Die endgültige Version der Musik entstand unmittelbar vor der Aufführung: „Beuys und Christiansen hatten einen Flügel bestellt und einen Klavierstimmer. Während das Klavier gestimmt wurde, nahm Christiansen die dabei entstehenden Klangfolgen auf. Man hörte das Auf- und Abspielen der Tonleiter und kurz angespielte Lieder. Beuys summt dazu und geht mit einem Stock, den Takt auf den Boden schlagend, durch den Raum. Zum Schluss sind deutlich die Worte ‚Thank you very much' zu verstehen, als man sich von dem Stimmer verabschiedet."[81] Für die Aktion wird die Grundlage und das Ausgangsmaterial für das Musizieren, das Klavierstimmen selbst, zur Gattungsform einer Symphonie erhoben und erhält damit Werkcharakter.

Während der Aktion wurde der Flügel nicht gespielt. Beuys erklärte, dass er dennoch nicht ohne Funktion war, sondern „ein skulpturaler Hinweis auf die Idee des Klanges, aber er wurde nicht mehr selbst genutzt."[82]

An anderer Stelle schilderte Beuys präzise seine spontane Planung und doch intensive Vorbereitung der Aktion, die er konkret als Konzert bezeichnete: „Als ich nach Edinburgh fuhr, hatte ich eigentlich überhaupt nichts. Nur das Bewusstsein, ich mache dort ein Konzert. Innerlich bereitete ich mich vor. ‹...› Dann fing ich an. Sah mich im Raum um und fing an, alles ein bisschen abzutasten und die entsprechenden Zeichen zu entwickeln; einen Zeitplan zu entwerfen, dann kam Henning Christiansen dazu. Wir fingen einfach an... ‹...›. Man muss das nicht einfach als Partitur werten. Die Vorarbeit hängt mit meinem Leben zusammen."[83]

80 Ebd. S. 154
81 Henning Christiansen im Januar 1985, zitiert nach ebd. S. 156
82 Beuys zitiert nach ebd., S. 12
83 Beuys zitiert nach Götz Adriani/Winfried Konnertz/Karin Thomas: Joseph Beuys. Leben und Werk, S. 126

Die Musik wurde zu Beginn der Aktion über Lautsprecher übertragen, und zwar so laut, „dass es ist, als ob das Publikum ‹…› unter den Klaviersaiten säße.“[84] Dabei entstanden Zeichnungen, die die Entstehung von Tönen aus Kehlkopf und Mundraum abbilden. Beuys lehnte die Tafeln bisweilen an den Flügel und setzte sich daneben. Während er die linke Hand an sein Ohr hielt, zeigte er bei bestimmten Klängen auf die Tafel mit der entsprechenden Stelle des Kehlkopfes. Das Hören richtete sich schließlich nach innen, der Klang wurde auf den Körper transformiert.

In Anlehnung an die „Sibirische Symphonie“ tauchte auch hier der Eurasienstab auf, denn der gleichnamige Film wurde abgespult und mit dem zweiten und dem fünften Satz der Musik „fluxorum organum“ von Henning Christiansen, die auch in der Aktion „Der Chef“ gespielt wurde, begleitet.[85] Auch Christiansen beschrieb die Vorüberlegungen: „Die Aktionen von Beuys hatten meistens eine Komposition aus Geräusch- und Toncollage zur Grundlage. Fragmente des in Edinburgh aufgeführten Konzertes waren bereits in vorangegangenen Aktionen verwendet worden. Es entstand also nicht aus einer zufälligen Improvisation während der Aktion.“[86]

Als die Aktion zu Ende war, ertönten vom Tonband Meeresrauschen und Schiffsmotoren, die Christiansen bei seiner Überfahrt von Dänemark nach Schottland aufgenommen hatte.

84 Christiansen in seiner Partitur im Portfolio der zweiten Schallplattenauflage von 1986, zitiert nach Mario Kramer: Joseph Beuys. Das Kapital Raum 1970–77, S. 156

85 Die Noten von „Eurasienstab. Fluxorum organum“ op. 39 sind abgedruckt in Joseph Beuys. Eurasienstab, Antwerpen 1987, S. 77–83. Es gibt in dem Stück eine „Satie-Ecke“, bei der der fünfte Satz „prière pour les voyageurs et les marins en danger mort“ aus Saties „Messe de pauvres“ einsetzen soll. Zu weiteren Aktionen, die Beuys und Christansen gemeinsam durchführten, siehe Kapitel 7.1.

86 Christiansen zitiert nach Mario Kramer: Joseph Beuys. Das Kapital Raum 1970–77, S. 153

Den später gezeigten Film „Rannoch Moor" untermalte Musik von Arthur Koepcke[87], bevor wieder Orgelmusik aus den Lautsprechern dröhnte, es war die zweite Komposition mit dem Titel „Requiem of Art".

Zu Beginn dieser „Totenmesse für die Kunst"[88] mischten sich Orgel- und Flötentöne, Vogelgezwitscher, Summen und Singen, Stimmengewirr, Wellenrauschen, Gläserklirren und das Geräusch einer Propellermaschine. Im Mittelteil spricht Ursula Reuter-Christiansen dreimal einen Text[89], mitunter von Geräuschen begleitet. Zu diesen ertönen zusätzlich Glockenläuten, Schiffssignale und der liturgische Dialog zwischen einem Geistlichen und der Gemeinde. Das Ende bilden eingespielte Klavierstücke von Eric Satie. Zum Ende von „Requiem of Art" wurde der 1. Satz „Bei Satie im Kräutergarten mit Vögeln" von Christiansen eingespielt.[90]

Das gesamte akustische Material der „Schottischen Symphonie" prägen ständig wechselnde Klangstrukturen, die dem Aktionsverlauf eine Art Gliederung geben, jedoch nicht die deutliche Einteilung in symphonische Sätze erreichen. Der Einsatz von Alltagsgeräuschen erinnert an die konkrete Musik der Futuristen, deren Klangmaterial vielleicht am Anfang der Entwicklung von Geräuschplastiken stand.

---

87 Die Komposition von Arthur Koepcke zu dem Film „Vakuum ‹-› Masse" bezeichnete Beuys als eine „Sprechaktion mit einem schönen Rhythmus. ‹…› Die Sprache hat die Funktion als Klanggebilde, vollkommen unabhängig, ob jemand den semantischen Inhalt versteht oder nicht. Die Sprache als Autonomie. Die Sprache als Musik.", zitiert nach ebd. 161.

88 Teil eines Requiems, der Messe für die Verstorbenen, ist aber auch der Auferstehungsgedanke. Die spielte vermutlich eine Rolle bei der Wahl dieses Titels im Hinblick auf die Absichten der Aktion.

89 Dieser Text waren Zitatfragmente von Gustave Flaubert und eigene Gedichtsplitter der Sprecherin.

90 Die Noten der Sätze „Bei Satie im Kräutergarten mit Vögeln" und „Auf dem Fahrrad Saties" aus op. 52 von Henning Christiansen findet man in Mario Kramer: Das Kapital Raum 1970–77, o. S.

Später tönte aus den zwei Kassettenrekordern, die Beuys über den Schultern trug, das „Ja, ja, ja, ja, nee, nee, nee, nee" von der Aufnahme des Fluxus-Konzerts „Ich versuche die freizulassen (machen)" bzw. „... oder sollen wir es verändern", das Beuys und Christiansen 1969 in Mönchengladbach aufgeführt hatten. Auch sang Beuys ins Mikrophon die „ö, ö, ö, ö"-Lautfolge. Beuys erläuterte, was es mit diesem Lautmaterial auf sich hat: „‚Ja ja ja ja nee nee nee nee' ist sehr rhythmisch und variiert sehr stark von hart nach weich, ist auch zum Teil sehr humoristisch an manchen Stellen, humorvoll. Und ‚ö ö' ist einfach die Sprache ohne Inhalt. Nur die Trägerwelle."[91] Als die „Schottische Symphonie" wieder einsetzte, stellte sich Beuys mit einem Speer auf.

Die gesamte Aktion wurde fast identisch 1971 unter dem Titel „Celtic + ~~~" in Zivilschutzräumen der Stadt Basel aufgeführt. Aufgrund der anderen Räumlichkeiten wurde der Aktionsname verändert. Das naturwissenschaftliche Zeichen „~~~" aus Mathematik und Physik könnte übertragen werden zu „Celtic + Wasser" oder „Celtic + Schwingungskurve".

5.8. Klavierspiel nach Sauerkraut

Sauerkraut hing in Fäden über dem Notenständer. Das vergorene Kraut als Notenvorlage für Klavierspiel, das war neu. Das Sauerkraut findet sich schon 1966 auf einer „Partitur"[92], einer Collage mit einer Schokolade in der Ecke rechts oben und Fett auf gelblichem Papier. Ein Teil der Beschriftung lautet „Sauerkrautpartitur Partitur essen! Flöte".

Auch bei der Aktion „Ich versuche dich freizulassen (machen), Konzertflügeljom (Bereichjom)" mit Henning Christiansen am 27. Feb-

91 Beuys im Interview mit Mario Kramer in: Mario Kramer: Joseph Beuys. Das Kapital Raum 1970–77, S. 20

92 Abb. in: Joseph Beuys. Zeichnungen. Dessins, Berlin 1983, Abb. 54

ruar 1969 in der Berliner Galerie René Block lag Sauerkraut auf dem Notenhalter des Konzertflügels, an dem Beuys agierte. Ebenso einen Monat später beim Fluxus-Konzert „... oder sollen wir es verändern?“ im Städtischen Museum Mönchengladbach.[93] Bei diesen Fluxus-Konzerten spielte Christiansen auf seiner grünen Geige. Das Konzert wurde über Lautsprecher von „Ja, ja, ja, ja, nee, nee, nee, nee“ begleitet.

Die Installation „Konzertflügeljom (Bereichjom)“ erinnert noch an die Berliner Aktion.[94] Dem Konzertflügel fehlen die Beine. So wird das Instrument zu einem stummen, aber dennoch ausstrahlenden Block („jom“), es bleibt ein Kraftwerk. Auf dem Flügel liegen ein Hut, ein Geigenbogen und der vom Korpus einer Violine abgetrennte Geigenhals. An der rechten Seite des Flügels steht ein ausgeklappter Notenständer.

Im Gegensatz zu anderen Fluxus-Künstlern legte Beuys jedoch Wert darauf, dass er nie ein Klavier zerstört habe. Im Gespräch mit Georg Jappe betont er: „Ich habe das Klavier immer benutzt, auch in der Aktion mit dem Sauerkraut habe ich das Sauerkraut ja nur als Notenschrift genommen. Ich habe ja in den allerersten Aktionen die Fluxus-Leute dadurch ziemlich schockiert, ‹...› weil ich richtig das Klavier benutzt habe ‹...›. Ich habe ja nie etwas am Klavier zerstört.“[95]

5.9. Ein Hirschdenkmal und ein Konzert für George Maciunas

Mit dem „Hirschdenkmal“ verneigt Beuys sich vor George Maciunas, dem Vater der Fluxus-Bewegung, und setzt ihm ein Denkmal. George

93 Mehr dazu im Kapitel 7.1.

94 Vgl. z. B. Abb. in Heiner Bastian (Hrsg.): Joseph Beuys. Skulpturen und Objekte, S. 193

95 Beuys zitiert nach Georg Jappe: „Am Klavier Joseph Beuys“, S. 73

Maciunas hatte zu Beginn der 1960er Jahre in Europa zahlreiche Fluxus-Festivals organisiert, an denen er sich auch mit eigenen Musikstücken beteiligte. An den Fluxus-Kompositionen von Beuys hatte er bemängelt, dass sie nicht von anderen Personen und nur von Beuys selbst aufgeführt werden konnten. Weil sie an eine Person gebunden sind, seien sie nicht fluxusgerecht. Maciunas war sogar der Meinung, dass Beuys nie wirklich etwas mit Fluxus zu tun gehabt habe. Dabei hatte er die Ziele von Fluxus als sozial und nicht ästhetisch bezeichnet. Eine Auffassung ganz im Sinne von Beuys' Kunstbegriff. Beuys widmete dem Kritiker schon 1963 ein Aquarell mit dem Titel „George Maciunas arbeitet am Flügel“[96].

Mit dem Hirsch werden Vorstellungen von Zauberkräften verbunden, pulverisiertes Hirschhorn soll vor bösem Zauber schützen. Der Hirsch taucht oft in Zusammenhang mit dem Todesgedanken auf, als Quelle spiritueller Energie.

Die „Hirschdenkmäler“ sind von zentraler Bedeutung im Werk von Beuys. Das Memorial für den Fluxus-Guru Maciunas bildet ein aufgeklappter Konzertflügel, der mit seinen drei Beinen auf großflächigen Kupferplatten steht. Sie nehmen den Klang des Flügels in ihre Materialität auf, leiten ihn in die drei Richtungen ab und visualisieren den Klangstrom zugleich. Auch ein untergeschobener Filz-Keil ist in Kupfer gefasst. Der Flügel als Klang-Energie-Speicher und die Kupferplatten als Energieleiter lassen ein in gewissem Sinne monumentales Klangkraftwerk entstehen, das seine Wirkung in statischer Präsenz entfaltet.

Im Vergleich zu dem in Filz gehüllten Flügel ist diese Skulptur „die ganze Opposition, sie ist das Gegenbild des schweigenden Flügels, ‹…› ist

96 Abb. in Joseph Beuys. Aquarelle und aquarellierte Zeichnungen 1936–1976, Düsseldorf 1986, Abb. 700

dagegen ein ungemein formales, strenges, ein ‚reflektierendes' Objekt. Es spricht von der Plastizität, es ist die Verkörperung des Klanges."[97]

1978, im Todesjahr von George Maciunas, konzertierten Beuys und Nam June Paik als Klavierduo zu dessen Ehren in der Kunstakademie Düsseldorf. Beuys hatte unter seinen Flügel einen Filz-Keil geschoben, der später auch Teil des Hirschdenkmals wurde. Während des Konzerts steckt der Filz-Keil unter dem linken Flügelbein und dämpft damit die hier endende tiefe Tonlage anstelle einer ungefilterten Übertragung auf den Bühnenboden. Neben Beuys lehnte sein Rucksack, ein Spazierstock steckte darin, ein weiterer Stock lehnte neben ihm: Motive eines Unterwegsseins, einer Wanderschaft.

Auch zu diesem Konzert gibt Beuys Auskunft über die Ausgangssituation, die Vorbereitung und den improvisatorischen Aspekt der Ausführung: „Erstmal haben wir beschlossen, dieses memorial zu machen. ‹…›, und dann haben wir gesagt, wir machen mal einen Aktionscharakter im Sinne eines ganz einfachen Konzertes. Wir machen keine Aktion, wo das Musikinstrument nicht benutzt wird, sondern es wird richtig einfach benutzt. Wir stellen zwei Pianos auf, er macht seine Sache, ich mache meine Sache, wir haben uns nicht abgesprochen über das, was wir machen. Also tonmäßig. Wir treffen uns an diesem bestimmten Punkt, keiner weiß vom andern, was er macht; das Einzige, was wir wissen, und worüber wir uns geeinigt haben, ist die Zeit.[98] Dafür haben wir einen Wecker mitgebracht, hingestellt, und ich habe eine Partitur gemacht auf einer Tafel, da ist aber nur mein Charakter drauf erfasst. Aber nur in ganz allgemeinen Symbolen, also Kontinuität, Energie –".[99] Diese formelhafte Partitur „Continuum", das „E" für Energie(feld) und eine Amplitude für das Volumen (Plastizität),

97 Heiner Bastian in: Joseph Beuys im Wilhelm-Lehmbruck-Museum Duisburg, Duisburg 1987, o. S.

98 Maciunas war im Alter von 47 Jahren gestorben, das Konzert sollte die Lebenszeit in umgekehrter Form dauern, also 74 Minuten.

99 Beuys im Gespräch mit Georg Jappe „Am Klavier Joseph Beuys, S. 72.

könnte laut Heiner Bastian exemplarisch und mit Blick auf diese zentralen Parameter allen Konzerten von Beuys als Grundplan dienen.[100]

Von Zeit zu Zeit spielte Beuys von einem Kassettenrekorder Geräusche ein, eine Mischung aus Vokaltönen bzw. Kehlkopfgeräuschen seiner Stimme und der zweier Iren. Einen der Spazierstöcke lehnte er absichtlich so gegen das Klavier, dass er ab und zu hinfiel und ein metallisches Geräusch verursachte.

In dem Konzert in Düsseldorf wie auch bei einem Konzert in Tokio verständigten sich die beiden Akteure erst, als die Aktion schon lief. Man einigte sich gerade noch über den Anfangsmoment und den Zeitpunkt, wann die Aktion zu Ende sein sollte. Dennoch bestimmten für Beuys auch akustische Aktion und Reaktion den Verlauf des Konzerts: „Wenn etwas ertönt – das kann auch aus dem Saal kommen, ein Huster z. B. – dass man das unmittelbar hineinnimmt in die gesamte Absicht."[101] Dies waren für Beuys jedoch nur feine Akzente in einem ruhigen Basisplan für die Aktion, wenn er bestätigt, Paik und er hätten „beide nur gespielt. Ich habe nur gespielt, Paik hat einige kleine Aktionseinlagen dazu gemacht. Aber im Grunde haben wir nur ganz einfach am Klavier gesessen und unsere Töne produziert."[102]

Während Paik seiner Improvisation atonales Material zugrunde legte, war es bei Beuys spätromantisches, obwohl er betonte, auf keinen Fall eine „musikstilistische Vorliebe"[103] entwickelt oder Zitate gebraucht zu haben: „Ich habe einfach den ersten Ton gedrückt und den nächstfolgenden, den ich logisch oder stimmig oder – gespielt, und ich habe von Anfang bis Ende durchgespielt ‹…› entsprechend dem Wort Kontinuum, das an der Tafel stand. Denn das hatte ich mir

100 Vgl. Bastians Beschreibung des „Hirschdenkmals für George Maciunas" in: Joseph Beuys im Wilhelm-Lehmbruck-Museum Duisburg, o. S.

101 Beuys im Gespräch mit Georg Jappe: „Am Klavier Joseph Beuys", S. 73

102 Ebd.

103 Ebd. S. 74

vorgenommen, ich spiele kontinuierlich durch und mache auch keine weiteren Aktionen. Während Paik ist öfter vom Klavier auch weggegangen."[104] Und so schilderte Paik voller Respekt für seinen Duo-Partner das Aktionskonzert: „In this concert Beuys improved for 74 minutes without interruption with such intensity that every single sound became one drop of his spiritual tears … as for me it is a very rare occasion that I played in the completely full concert hall … people came of course to see Beuys."[105]

104 Ebd.

105 Paik in einem Brief an Wolfgang Becker (WDR), zitiert nach Johannes Stüttgen (Hrsg.) Similia Similibus. Joseph Beuys zum 60. Geburtstag, S. 106

6. Zwei Installationen mit Flügel

Franz-Joachim Verspohl verwendet mit Blick auf eine Rauminstallation von Beuys treffend den Begriff der „Klaviatur des Gebrauchs der Sinne“[106]. Er legt hiermit den Fokus auf die Qualität der Wahrnehmung der eingesetzten Objekte, auf die Sinnesfähigkeit des Betrachters oder eben des Zuhörers, wie Beuys es betonte: „Ich beziehe mich auf alle Sinne, die ja aktiv sind in der Tätigkeit des Menschen, auf das ganze Sensorium, besonders aber auf den Hörsinn.“[107] Damit stellt Beuys das Klangpotential, das Akustische seiner Installation in den Vordergrund.

Der Flügel als Klangspeicher, als potentielles Kraftwerk erinnert motivisch an „Infiltration homogen für Konzertflügel“ (1966), an „Konzertflügeljom (Bereichjom)“ (1969) und an das „Hirschdenkmal für George Maciunas“ (1982) und verbindet diese Werke hinsichtlich ihrer Bühnenwirkung und ihres konzertanten Charakters.

6.1. Installation „Plight“

„Plight“[108] ist der Titel einer späten Installation von Beuys in vollständig mit dicken Filzrollen ausgekleideten Räumen und einem Konzert-

106 Franz-Joachim Verspohl: Joseph Beuys. Das Kapital Raum 1970–77, S. 42

107 Beuys zitiert nach Mario Kramer: Joseph Beuys. Das Kapital Raum 1970–77, S. 170

108 Abb. in Heiner Bastian (Hrsg.): Joseph Beuys. Skulpturen und Objekte, S. 314/15

flügel, auf dem eine Schiefertafel und ein Thermometer liegen. Das massiv eingesetzte Filzmaterial führt zu einer immensen Isolationswirkung, die jeden Klang des Konzertinstruments verstummen ließe. Ein Klavierton würde von der Filzwolle absorbiert, verschluckt, hätte kaum Möglichkeit, sich akustisch auszudehnen. Gibt es eine stärkere Konzertration auf das von Beuys beschriebene Phänomen des Innentons? Das Thermometer misst den Wärmegehalt dieser fast hermetischen Installation, in die der Betrachter hineinblickt und hineinhorcht. Ort der stillen Klanginstallation war vom 8. Oktober bis 21. Dezember 1985 die Anthony d'Offay Gallery in London.

Klaus Gallwitz beschreibt sie mit diesen Worten: „Seine letzte, bedrückend eindeutige Arbeit war die Rauminstallation ‚Plight' in der Galerie von Anthony d'Offay in London. Die mit Filzrollen verkleideten Räume, verengt und erniedrigt, waren Ausdruck einer mit Händen zu greifenden Lautlosigkeit. Das Schweigen wurde noch gesteigert und verdichtet durch den aufgestellten schwarzen Steinway-Flügel und ein Thermometer."[109] Anstoß für die gewaltige Filz-Isolierung der Räumlichkeiten gab auch ein praktisches Problem. Die Galerie litt zuvor unter Geräuschen aus dem benachbarten Gebäude.[110]

6.2. Installation „Das Kapital Raum 1970–77"

„Das Kapital Raum 1970–77"[111] war erstmals 1980 in Berlin zu sehen. Auch hier steht ein schwarzer, glänzender Konzertflügel im Mittelpunkt des Environments. Es handelt sich um ein Instrument der Marke Bösendorfer, Modell „Imperial", eines der aufwändigsten und perfektesten Musikinstrumente.

109 Beuys vor Beuys, S. 8
110 Vgl. Joseph Beuys. Ideas and Actions, New York 1988 S. 105
111 Abb. in Mario Kramer: Joseph Beuys. Das Kapital Raum 1970–77, S. 53, Abb. 9

Sein Volumen überragt alle anderen Elemente der Installation. Der Flügel steht in der rechten vorderen Raumhälfte. Der Flügeldeckel und die Tastaturabdeckung sind geöffnet. Ein Spiel auf dem Instrument ist nicht vorgesehen, es fehlt eine Klavierbank für den Pianisten. Dennoch: „Der Konzertflügel ruft in uns die Vorstellung eines Konzertsaales und den Eindruck eines Bühnengeschehens wach.“[112]

Dieses bestimmte Bösendorfer-Modell wählte Beuys mit Absicht: „Das ist der Super-Bösendorfer. Der hat zwei Tasten mehr als normale Klaviere, zwei Tasten unten mehr, ‹…› die sind normalerweise, bei manchen Typen, mit einem Deckelchen abgedeckelt. Den Deckel kann man anheben, wenn man will. Alle Flügel haben diese Skala, und Bösendorfer hat es für richtig empfunden, noch zwei Töne tiefer zu gehen. Es ist der einzige Flügel auf der ganzen Welt, der zwei Töne mehr hat auf der Skala. ‹…› Das ist der größte Bösendorfer. Das ist der größte Konzertflügel, den es gibt von Bösendorfer.“[113] Tatsächlich war die tiefe Tonlage, waren Beuys die Basstöne wichtig für die Klangidee dieses Environments. Das wird auf Tafeln mit der Dokumentation von Kehlkopfgeräuschen deutlich. Beuys stellte in seiner Erklärung die Verbindung her: „… auch die Zeichen sind auf den Tafeln. Der Generalbass und so weiter ‹…› und es ist wohl so, dass ich den Bösendorfer bevorzugt habe, weil er eben diese beiden Basstöne unten noch tiefer hat, das wohl.“[114]

Erneut wird das akustische Musikinstrument, der Flügel, durch eine Reihe elektronischer und audiovisueller Geräte als Quelle, Verstärker und Speicher akustischen Klangmaterials ergänzt: Mikrophone, Tonbandgeräte, Kopfhörer, die sich um die Mitte des Raumes gruppieren. Allesamt sind sie verkabelt und scheinen funktionsbereit. Auf einigen am Boden verstreuten schwarzen Tafeln findet der Betrachter

112 Ebd., S. 145
113 Ebd. S. 41
114 Ebd.

u.a. Diagramme von Lautartikulation, Luftröhre, Kehlkopf, Mundhöhle und Resonanzkörper.

Viele Teile dieser Installation sind bereits als Elemente der Celtic-Aktionen bekannt, sogar die räumliche Konstellation erinnert an die „Schottische Symphonie". Die beiden genannten Aktionen aus den Jahren 1970/71 gehören zur Werkgeschichte dieser Installation.

7. Bevorzugte Komponisten

Auf die Frage, bei welchen zeitgenössischen Komponisten er stehe, antwortete Beuys: „Ich mache selbst Musik."[115] Der Klavier- und Cello-Spieler kannte zentrale Werke der Musikgeschichte, besaß nicht nur Bücher und Schallplatten, sondern auch Noten. Einige Musikerpersönlichkeiten und Komponisten haben den Künstler in seinem Musikmachen beeinflusst, geprägt und begleitet.

Eine von Beuys bildhaft gestaltete „Namenliste 1" von 1962 beginnt mit John Cage. Darauf folgen Yoko Ono, Karlheinz Stockhausen, David Tudor, Nam June Paik und andere. Es sind Musiker und Komponisten der Musikavantgarde der 1960er Jahre, der Fluxus-Bewegung, zu denen Beuys Kontakt hatte und mit denen er zusammenarbeitete.

Zur Sammlung von Widmungen „Ohne die Rose tun wir's nicht"[116] gehören Beiträge von Mauricio Kagel, Henning Christiansen, Wolfgang Niedecken, Charlotte Moorman, Gerhard Rühm, Nam June Paik, Karlheinz Stockhausen, La Monte Young, Dieter Schnebel und John Cage.

In Beuys' Akademie-Klasse studierten nicht nur Bildhauer, sondern auch Schriftsteller und Komponisten. Keineswegs schöpfte Beuys nur aus dem Musikfundus seiner Zeitgenossen. Er interessierte sich

115 Beuys en Vienna, Ausst. Kat., Wien 1991, S. 70

116 Klaus Staeck (Hrsg.): Ohne die Rose tun wir's nicht. Für Joseph Beuys, Heidelberg 1986

auch für die Komponisten vergangener Musikepochen, für Erik Satie, Richard Wagner, Alexander Skrjabin, für Jean Sibelius, Richard Strauss, Karol Szymanowski und Henryk Wieniawski. Man darf davon ausgehen, dass Beuys sich nicht nur mit ihren Werken, sondern auch mit ihren Biographien beschäftigte.[117]

Dokumentiert ist in Beuys' Werken die Zusammenarbeit mit befreundeten Musikern. Das spartenübergreifende Arbeiten war charakteristisch für seine Zeit: „Ein wesentliches Zeichen für die Nähe der Künste untereinander ist im 20. Jahrhundert der immer ausgeprägter werdende Kontakt zwischen Dichtern, Musikern und Malern, der sich oft auch in tatsächlicher Zusammenarbeit ausdrückt."[118]

Erik Satie arbeitete mit Jean Cocteau, Arnold Schönberg mit der Künstlergruppe „Der Blaue Reiter", Igor Strawinsky mit Pablo Picasso. Mit Joseph Beuys arbeitete am intensivsten zusammen der gebürtige Däne Henning Christiansen, den Beuys an der Düsseldorfer Kunstakademie kennengelernt hatte.

7.1. Die Zusammenarbeit mit Henning Christiansen

„Zurück zu den Ohren, dem Laut, auch dem stummen, der in der Luft hängt und berührt werden kann, der dagewesen ist und den man hört, durch Augen gehört hat."[119] In diesem Text von Henning Christiansen liegt die Nähe zwischen seiner Musikauffassung und der Idee einer hörbaren Plastik von Joseph Beuys auf der Hand. Aus dieser Schnittmenge des Denkens entstand eine jahrelange Zusammenar-

117 Hans van der Grinten nannte diese Komponistennamen (Gespräch 2.11.1991, Kranenburg) und fügte über Beuys hinzu: „Er hatte zwar nicht viele Schallplatten – ab und zu legte er zuhause schonmal Streichquartette von Beethoven auf – aber einen großen Notenfundus. Außerdem las er viel und schnell."

118 Peter Gradenwitz: Wege zur Musik der Zeit, Wilhelmshaven 1974, S. 143

119 Henning Christiansen zitiert nach Reiner Speck: „Beuys und Musik", o. S.

beit: „Die Zusammenarbeit mit dem dänischen Komponisten Henning Christiansen basiert auf einer vielfältigen gemeinsamen Aktionszeit, die 1966 mit der Aktion ‚Manresa' in der Düsseldorfer Galerie Schmela begann."[120]

In der „Sibirischen Symphonie" schrieb Beuys „Eurasia" unter ein Kreuz auf eine Tafel, und in der Aktion „Der Chef" benutzte er einen Kupferstab. Beides ist eng verbunden mit Beuys' Eurasienstab, nach dem die Aktion „Eurasienstab 82 min fluxorum organum" benannt ist, die am 10. Februar 1967 in der Galerie Nächst St. Stephan in Wien aufgeführt und Anfang Juli 1967 wiederholt wurde. Im Titel ebenfalls genannt ist die begleitende Orgelmusik von Henning Christiansen, die später auch in der Aktion „Celtic" zu hören war. Henning Christiansen erzählte von der Vorbereitung: „Am 28. 5.1976 habe ich den 1. Satz von EURASIENSTAB fluxorum organum in der Klasse Beuys, Raum 20, in der Düsseldorfer Kunstakademie fertigkomponiert. ‹…› Einige Tage vorher waren wir, Beuys und ich, im engen Gespräch darüber, wie EURASIENSTAB sein sollte, und mein Vorschlag, ein großes Orgelwerk mit dem Titel ‚fluxorum organum' zu komponieren, wurde von Beuys mit großer Freude angenommen. Wir redeten darüber, wie wunderbar es ist, dass man heute mit Hilfe eines Tonbandgerätes die Orgel aus der Kirche transportieren und sie auf diese Art und Weise säkularisieren kann. So wollten wir die Orgel voll für Eurasienstab einsetzen."[121] Henning Christansen schildert auch die Suche nach Orgel und Organisten für die Aufnahme: „Schon am 20. Juni war ich damit fertig, fluxorum organum zu schreiben, jetzt mussten wir eine Orgel und einen Organisten finden. Wir gingen zuerst in die Maxkirche (schöne Orgel und einen freundlichen Organisten), aber Musikdirektor Herr Ingelhoven hatte wegen eines Konzertes nicht viel Zeit und schickte uns zum Organisten Franz Meiswinkel in die

120 Maria Kramer: Joseph Beuys. Das Kapital Raum 1970–77, S. 154

121 Henning Christianen: „fluxorum organum Opus 39 EURASIENSTAB", in: Joseph Beuys. Eurasienstab, Galerie Anny De Decker, Antwerpen 1987, S. 84

Liebfrauenkirche, der sofort an die Arbeit ging. Ich hatte mein Telefunken-Tonbandgerät mit. Es war geplant, dass ich auf der schlechtesten Geschwindigkeit (9,5cm/3 3/4min., Mono) aufnehmen sollte, weil ich mir auf diese Weise viel von dem Klang der tiefen Töne versprach. Ich hatte keinen Kopfhörer und musste mich voll auf den Klangregler verlassen. In einer Stunde hatten wir den 1. Satz ‚im Kasten', und wir sollten am nächsten Tag wiederkommen. ‹-…› Am nächsten Tag, nach ungefähr drei Stunden in der Liebfrauenkirche, war alles klar, auch weil Meiswinkel schnell eine gute Registrierung fand und sehr gut vom Blatt lesen konnte. ‹…› Hoffentlich geht es ihm heute gut, ich kann ihn nur preisen, weil er ohne Vorurteile und auch sehr billig alles gemacht hat. Eine Orgelmusik auf 9,5 cm aufzunehmen, damit sind nicht viele Organisten einverstanden!"[122]

Die Komposition „EURASIENSTAB fluxorum organum op. 39" von Henning Christiansen besteht aus fünf Sätzen:

I	langsam und zeitbewusst…22 min
II	langsam und zeitbewusst…12 min
III	langsam und zeitbewusst…16 min
IV	langsam und zeitbewusst…17 min
V	zeitbewusst…15 min

Christiansen beschrieb selbst seine musikalischen Absichten in jedem einzelnen Satz, stellte Bezüge zu den Objekten der Aktion her und erläuterte die gemeinsame Dramaturgie: „Der 1. Satz soll auf einem kleinen Vorschlag, auf Augmentation und tiefen Tönen aufbauen. Er soll eine Klanglandschaft schaffen für die noch liegenden Filzdecken und den Eurasienstab.

122 Ebd. S., 85

Der 2. und 4. Satz sollen Ruhe ausstrahlen mit einem freien, doch festen Rhythmus, also mit ruhigem Puls. Es könnte das Fett oben in der Ecke sein.

Der 3. Satz: Klänge häufen sich aus einer melodischen Linie auf, gehen also von Waagerecht nach Senkrecht / von Horizontal nach Vertikal.

Der 5. Satz soll frei geschwungen sein, aber mit profilierter Form. Die Filzecken ruhen schräg an der Wand. Der Eurasienstab ruht auf seiner Hülle – Segeltuch. Beuys endet in völliger Ruhe, die Hände auf dem Rücken – sehend.

Wir haben dann festgelegt, dass das Ganze 82 Minuten dauern soll. Ich wollte versuchen, diese festgelegte Zeit einzuhalten."[123]

Die Musik ist unmittelbar Träger der Dramaturgie, der Aktionshandlungen, sie „trägt die Aktion durch die Zeit, schafft mit ihr einen Zeit/Raum, indem sie ihre Tempi der schwebenden Form der Raum-Aktion zuordnet."[124] Die Musik war zudem mit den Materialien, wie Fett und Filz, die bei jeder Aktion wieder verwendet wurden, verbindendes Element. Teile der Aktion wurden wiederholt, jede Wiederholung im Rahmen eines kontinuierlichen Aktionsprozesses ein wenig variiert, vergleichbar mit motivischer Arbeit in der Musik. Der Ritualcharakter blieb.

Die Aktion „Bildkopf-Bewegkopf (Eurasienstab), Parallelprozess 2, Der Große Generator" im Februar 1968 in der Wide White Space Gallery in Antwerpen war bis auf geringfügige Änderungen eine Wiederholung der Aktion „Eurasienstab 82 min fluxorum organum". Auch hierzu lieferte Christiansen die begleitende Musik, die mit der

123 Ebd. S. 84

124 Götz Adriani/Winfried Konnertz/Karin Thomas: Joseph Beuys. Leben und Werk, S. 92

Aktion auf einen 16mm-Film aufgezeichnet wurde. Im dritten Satz wurde ein Zitat aus „Messes de Pauvres (Prières pour les voyageurs et les marins en danger et mort, à la très auguste Vierge Marie, Mère de Jésus)“ von Erik Satie eingespielt.[125]

Beuys und Christiansen arbeiteten auch in der Aktion „Hauptstrom“ in der Galerie Franz Dahlem in Darmstadt zusammen. Während der zehnstündigen Aktion manipulierte Christiansen vier Tonbänder mit Musik-, Geräusch- und Sprachfetzen, die sich im Stundenrhythmus wiederholten. Beuys führte während der Aktion einen Draht mit einem Kegel als Spitze wie eine Antenne an sein Ohr und lauschte konzentriert. Hier war er nicht der Sender, als der er sich einst bezeichnet hatte, sondern der horchende Empfänger. Mit dieser Geste brachte er den Aspekt der Wahrnehmung in den Aktionsplan ein.

Henning Christiansen war auch an der Aktion „Ich versuche dich freizulassen (machen), Konzertflügeljom (Bereichjom)“ am 27. Februar 1969 in der Berliner Akademie der Künste beteiligt. Bei der Aktion fielen die zwei eingesetzten Flügel randalierenden Studenten zum Opfer.

Nur vier Wochen später ist Christiansen Beuys' Duopartner im Fluxus-Konzert „... oder sollen wir es verändern?“ im Städtischen Museum Mönchengladbach. Beuys spielte Klavier und hin und wieder eine Kinderflöte. Zwischendurch nahm er Hustensaft und Nasentropfen, hustete ins Mikrophon, schmückte einen Notenständer mit Sauerkraut. Eine der zwei auf dem Flügel liegenden Geigen war grün angemalt, sie erinnerte später noch als Objekt an die Aktion. Christiansen entlockte seiner Geige quietschende Töne, rauchte Pfeife, schabte auf der Geige, schaltete ein Tonband zu, von dem eine Männerstimme ertönte mit den Silben „Ja ja ja ja ja, nee nee nee nee nee“, dazu erklangen Vogelstimmen, Sirenengeheul und Straßenlärm sowie elektronische

125 Vgl. hierzu auch Fußnote 85.

Klänge. Die gegenseitige Inspiration zwischen Beuys und Christiansen, was die Einbindung von akustischen und musikalischen Elementen in solche Aktionen betrifft, scheint unermesslich. Sie manifestiert sich in einem mal abwechselnden, mal gleichzeitigen Agieren in fast wortloser Übereinkunft.

7.2. John Cage: Chaosbegriff und das präparierte Klavier

John Cage, amerikanische Schlüsselfigur der Happening- und Fluxus-Bewegung der 1950er Jahre, arbeitete am und mit dem Klavier. Man könnte sagen, dass das Präparieren eines Klaviers, wie er es für seine Kompositionen praktizierte, im Sinne von Beuys nichts anderes ist als die plastische Veränderung, genau genommen die Erweiterung dieses Klangkörpers: „John Cage hat mittels seines präparierten Klaviers, in das er Metall oder Gummistücke, Bolzen und Lineale einlegt, eine neue Klangwelt zu erobern gesucht; später hat er ‹..› die Bedeutung der Pause, des Schweigens für die Musik untersucht, um schließlich zu einer Musik des Wechsels und des Zufalls zu gelangen, in die das Geräusch, der Standort des Spielenden, die Schallrichtung, das Eingreifen von durch Tonbandmanipulation verfremdeten Klänge einkomponiert sind.“[126]

1963 hatte Beuys an der Düsseldorfer Akademie ein Konzert mit Kompositionen von Cage organisiert. Unter den beteiligten Cage-Assistenten war auch David Tudor. Beuys und der musikalische Fluxus-Protagonist Cage kannten sich gut. Beide interessierte alles, was klingt.

John Cage hatte das von Henry Cowell erfundene „prepared piano“ seit Ende der 1930er Jahre weiterentwickelt und später realisiert, u. a. in seinen „Sonatas and Interludes for Prepared Piano“ (1946/48)

126 Peter Gradenwitz: Wege zur Musik der Zeit, S. 196

und seinem „Concerto for Prepared Piano and Chamber Orchestra" (1951). Cage setzte den Saiten des Flügels Nägel, Schrauben, Eierlöffel, Radiergummi und andere Objekte auf, die in ihren Eigenschaften des Mitschwingens oder Dämpfen der Flügelsaiten neue Klangfarben erzeugten.

Auch Nam June Paik hatte zusammen mit Cage Klaviere ummontiert und ausstaffiert. Bei der Gestaltung spielten Assoziationen an osteuropäische, insbesondere asiatische Musik eine große Rolle. Hier Parallelen zum Eurasia-Gedanken von Beuys zu sehen, liegt nahe.

Zahlreiche weitere Künstler experimentierten mit der Ausrüstung und dem Traktieren von Klavieren. Arman hatte ein Klavier verbrannt und mit Polyester überzogen, Paik hatte eines mit allerlei Alltagsgegenständen verziert, und in das Klavier von Günther Uecker wurden unzählige Nägel eigeschlagen, bevor es in Teilen bemalt wurde.

Beim „Festival der neuen Kunst" am 20. Juli 1964 in der Technischen Hochschule Aachen stellte Beuys seine Version eines präparierten Klaviers vor. Der ehemalige Kölner Beuys-Galerist Helmut Rywelski beschrieb die Aktion für die Zeitschrift „Neues Rheinland": „Professor Beuys von der Kunstakademie Düsseldorf war nach Aachen gekommen, um ein Klavier mit Waschpulver der Marke Omo zu füllen. Der Akteur hob den Deckel des Klaviers hoch, kippte das Pulver hinein, klimperte auf den Tasten und war nicht zufrieden mit dem erzielten Klangvolumen; aber das ließ sich ändern. Beuys fand allerlei Unrat in einem Papierkorb, er entleerte selbigen ins Klavier; die Töne schienen ihm jetzt schon mehr Freude zu bereiten, und dennoch waren Beuys' Töne schließlich Geräusche, die zwar am Klavier, nicht aber aus dem Klavier entstanden. Der Kunstgelehrte aus Düsseldorf organisierte sich einen Elektrobohrer und ließ ihn ins Holz des Klaviers bohren; das war's, was seinen Ohren wie Musik klang."[127]

Hans van der Grinten verteidigte Beuys „Präparationen" am Klavier: „Studenten, die entsetzt waren über die Behandlung des Klaviers, machten ihrer Empörung Luft und schlugen Beuys die Nase ein. Dabei war das Klavier sowieso nicht mehr zu gebrauchen. Beuys hätte es nie fertiggebracht, ein funktionstüchtiges Klavier zu zerstören."[128]

Was für das Publikum wie eine Misshandlung des Klaviers ausgesehen haben mag, war für Beuys eine Befreiung des Instrumentes aus seiner alten und verstaubten Rollentradition. Er selbst beschrieb sein Handeln und dessen Effekt auf das Instrument so: „Ich füllte ein Klavier mit geometrischen Körpern, Bonbons, trockenen Eichenblättern, Majoran, einer Ansichtskarte des Aachener Doms und Waschpulver. Sehr locker, so dass es noch bespielbar war, der Klang jedoch durch die Füllung beeinflusst wurde. Die Säure hat nichts damit zu tun. Ich hatte sie vorher für eine kurze ‚Begleitmusik' mit ultraviolettem Licht gebraucht. Das Klavier ist nicht von mir, sondern von seinen vorherigen Besitzern ruiniert worden. Es gehörte zum Einrichtungsmuss. Ab und zu musste allerdings einer so etwas wie eine ‚Hausmusik' darauf heruntergehämmert haben. Er hat sich nachher nochmal ausdrücklich bei mir bedankt. Die Absicht: Das heilsame Chaos, heilsame Amorphisierung in eine gewusste Richtung, die bewusst eine erkaltete, erstarrte Vergangenheitsform, gesellschaftliche Konvention durch Auflösung erwärmt, und zukünftige Gestalt erst möglich macht."[129]

127 Zitiert nach Heiner Stachelhaus: Joseph Beuys, S. 165
128 Im Gespräch mit der Autorin am 2. November 1991, Kranenburg
129 „Krawall in Aachen. Interview mit Joseph Beuys", in: Joseph Beuys. Werke aus der Sammlung Karl Ströher, Basel 1969/70, S 11

Es gibt neben dem Präparieren von Klavieren mindestens eine weitere Schnittmenge zwischen den Kunst- und Musikauffassungen von John Cage und Joseph Beuys. Sie bezieht sich auf den Chaosbegriff und dessen Bedeutung: „Das Wesentliche der Plastischen Theorie ist, dass sie den Übergang aller Prozesse von einem ungeordneten Rohzustand in einen geformten Endzustand beschreibt. Die ‚Urmasse' ist gleichzusetzen mit dem Begriff ‚Chaos' (Wärme) und die geformte Masse mit dem der ‚Form' (Kälte). ‹…› Da sich Fett je nach Wärmeeinwirkung leicht verändern und plastisch formen lässt, exemplifiziert Beuys den Chaosbegriff an diesem Material."[130] Cage experimentiert mit dem Chaos in Form von Aleatorik und Improvisation. Er lässt dem Interpreten Freiheiten, die das klangliche Ergebnis dem Zufall bzw. der Intuition des Musikers überlassen. Das Ausgangsmaterial ist chaotisch und amorph, wird durch das musikalische Agieren des Interpreten zu einem Werk, das geformt ist, aber durch einen anderen Akteur auch wieder neu und anders geformt werden kann.

Chaos hat einen amorphen Charakter, Fett ist eine amorphe Masse: „Als ungegliederte Masse bezeichnet Fett beispielsweise das Chaos."[131] Ähnliches gilt für Filz: „Auch diese massive, statische Erscheinungsqualität des Filzes ‹…› verbindet sich einleuchtend mit der Beuysschen Vorstellung des Amorphen."[132] Beuys bezeichnete seinen Chaosbegriff als grundlegend, als Wurzel, als Ausgangspunkt: „Mein Chaosbegriff ist ein sehr ursprünglicher. Alles kommt aus dem Chaos. Das muss man sich vorstellen wie eine zusammenhängende Energie, die aber keine bestimmte, sondern eine unbestimmte Stoßrichtung hat. Das Wörtchen ‚unbestimmt' passt sehr gut auf den Chaosbegriff, wie ich ihn anwende. Und dann sind alles andere Bestimmungen davon. Nur

130 Hiltrud Oman: Die Kunst auf dem Weg zum Leben: Joseph Beuys, Berlin 1988, S. 81

131 Armin Zweite in: Joseph Beuys. Arbeiten aus Münchener Sammlungen, München 1981, S. 46

132 Götz Adriani/Winfried Konnertz/Karin Thomas: Joseph Beuys. Leben und Werk, S. 59

aus dem Chaos kann etwas kommen."[133] Im Gestalten aus dem Chaos heraus, von einer amorphen Masse ausgehend, erwächst der plastische Prozess. Erwähnt sei hier noch Kupfer als leitendes Material, oft eingesetzt als Leiter zwischen den beiden Polen, vom Chaos zur Form.

Ein Bildwerk von Beuys von 1959 trägt den Titel „Der Lehrer von John Cage"[134]. Es ist mit Wasserfarbe, Goldbronze und Lack auf dünnen weißen Karton gemalt, der wiederum auf gelbliches Zeichenpapier aufgeklebt ist. Das Gold ist in der Fläche dick aufgetragen. Aus diesem Hintergrund ist in der linken Mitte eine Fläche in Tropfenform ausgespart. Sie ist gelbgrün gefärbt und umfasst in ihrer Mitte wiederum eine goldene Figur. Der Titel wirft die Frage auf, wer der Lehrer von John Cage war? Schönberg war ein Lehrer von John Cage. Er hatte aber mehrere Lehrer, u. a. auch Henry Cowell. Eine Person aus dem Bild zu identifizieren ist nicht möglich. Vielleicht ist der Lehrer, den Beuys meint, gar nicht personeller sondern materieller oder ideeller Art? Eine Bildbeschreibung der Brüder van der Grinten geht in diese Denkrichtung: „Wie die musikalischen Kompositionen von John Cage ist das Blatt in Form und Klang zugleich amorph und delikat."[135]

Gemeinsame Inspirationsquelle für Cage und Beuys war James Joyce. Beide fühlten sich auch dem Komponisten Erik Satie und seiner Musikauffassung eng verbunden. Beuys, seinem musikalisch-künstlerischen Fluxus-Weggefährten, widmete Cage 1981 zu dessen 60. Geburtstag die Kompositon „for a singer (1st piece)".[136]

133 Beuys zitiert nach Volker Harlan/Rainer Rappmann/Peter Schata: Soziale Plastik, S. 59
134 Abb. in Franz Joseph van der Grinten: Joseph Beuys. Wasserfarben, Abb. 81
135 Ebd., S. 52
136 Siehe Johannes Stüttgen (Hrsg.): Similia similibus, Joseph Beuys zum 60. Geburtstag, S. 100

7.3. Mauricio Kagel: der Film „Ludwig van"

1969 begann Mauricio Kagel mit den Arbeiten für einen Film mit dem Titel „Ludwig van", eine Hommage an Beethoven für das Jubiläumsjahr zum 100. Geburtstag des Komponisten 1970. Kagel beabsichtigte mit seinem Beitrag eine Entmythologisierung des musikalischen Zeremoniells und des bürgerlichen Musikhaushaltes. Für die imaginäre Rückkehr Beethovens richtete er ein Beethovenhaus ein, das die Kamera im Film durch dessen Augen betrachtet. Sämtliche Räume ließ er durch Gegenwartskünstler gestalten. Das Musikzimmer gestaltete Kagel selbst: der gesamte Raum war samt Mobiliar mit Noten von Beethoven-Werken beklebt.

Beuys wurde mit der Gestaltung der Küche beauftragt.[137] Kagel schilderte ausführlich von den gemeinsamen Dreharbeiten in Beuys' Düsseldorfer Atelier am Drakeplatz: „Als ich ihm von ‚Ludwig van' erzählte, war Beuys mit meinem Vorschlag, die Gestaltung der Küche eines fiktiven ‚Beethoven-Hauses' zu übernehmen, sofort einverstanden. ‹…› Wir verabredeten die Dreharbeiten für Ende September 1969 im Haus von Beuys an der Drakestraße in Düsseldorf. Als ich mit dem Aufnahmeteam kam, sah ich zunächst kein besonderes Environment vorbereitet. Beuys erklärte mir, dass sein gesamtes Atelier als Küche des Beethovenhauses verstanden werden sollte. Ich tastete also mit der Kamera einige Vitrinen mit Objekten, Jute-Säcke mit Nussschalen, alten halbfertigen Skulpturen und Essbarem ab. Das Ganze strahlte trotzdem die Atmosphäre eines hintersinnigen Biedermeiers der Beethoven-Zeit aus. Auf seinem Bett hatte Beuys einen alten Küchenherd vorbereitet, auf dem ein gusseiserner, schwarzer Topf trohnte. Links und rechts siegfriedähnliche Hörner, Musikinstrumente zum stummen Blasen. Danach gingen wir auf den Hof und Beuys mach-

137 Fotos des Fotografen Victor Straub von Beuys und Kagel bei der Arbeit für den Film am Drakeplatz in Düsseldorf siehe Klaus Staeck: Ohne die Rose tun wir's nicht. Für Joseph Beuys, S. 140

te Feuer im Gulli. Diese Sequenz habe ich im Film, in der unreifen Interpretation eines ‚Gesamtdeutschen Kammerorchesters' mit dem Beginn der 9. Sinfonie von Beethoven synchronisiert. Zum Schluss legte Beuys den Topfdeckel auf den Gulli, und die ewige Flamme als Symbol bedeutungsschwangerer Erklärungen erlosch."[138]

Die musikalischen Aktionen von Beuys und dem – ebenfalls von Cage inspirierten – Kagel haben auf der Bedeutungsebene ein starkes, verbindendes Element, das man zutreffend so beschreiben könnte: „Wenn Kagel Werke schafft, in denen Musik und Aktion einander bedingen, in denen Handlung musikalisch und Musik als Aktion komponiert ist, wenn er Orte aufsucht, bei denen Klangliches mit Außerklanglichem immanent verknüpft ist, so dringt er dabei in Erfahrungsbereiche vor, die Unbewusstes und Halbverschüttetes transparent zu machen suchen."[139]

7.4. Joseph Beuys und Richard Wagner – zweimal Gesamtkunstwerk

Beuys wuchs in Kleve auf, und die Klever Schwanenburg ist nach dem Schwanenritter Lohengrin, Sohn des Gralskönigs Parzifal, benannt. Und so ist man schon mittendrin in der Welt der niederrheinischen Mythen und der Legenden bei Richard Wagner, für dessen Musikdramen Beuys empfänglich war. Doch liegt hier nicht unbedingt die Wurzel für Beuys' Interesse an Wagner: „Beuys war nicht sehr heimatorientiert; schon eher kann der Grund in der eingehenden Beschäftigung mit Nietzsche und dessen Werk liegen."[140]

138 Mauricio Kagel zitiert nach ebd., S. 141

139 Joseph Häusler: Musik im 20. Jahrhundert. Von Schönberg zu Penderecki, Bremen 1972², S. 245

140 Hans van der Grinten, Gespräch 2.11.1991, Kranenburg

Dennoch erklärt Franz Joseph van der Grinten, dass schon nach dem Abitur und zur Zeit der Kriegseinsätze in musikalischer Hinsicht „vor allem die Werke Richard Wagners, dem sich die Klever verbunden fühlen durften im Lohengrin, den – unabhängig von der anderen Lokalisierung, der Wagner gefolgt ist – die Klever Herzöge als ihren Stammvater angesehen haben“[141], den Hintergrund für die künstlerischen Hervorbringungen bildeten. Beuys kannte auch die Bücher von Josephin (Joseph) Péladan, der neben u. a. kunsttheoretischen Schriften das dramatische Gesamtwerk Richard Wagners übersetzt hat.[142]

Fraglich ist, ob Beuys die Inszenierung einer Wagner-Oper auf der Bühne gesehen hat, denn der Besuch eines Opernhauses widerstrebte ihm, wie der traditionelle Kunst- und Konzertbetrieb überhaupt.[143]

Zu seinem Verhältnis zu Wagner in der Schulzeit schrieb Beuys: „musikalische Eindrücke (Auffassung ist besser: Volkslied): Richard Wagner“[144]. Bei Wagner entdeckte Beuys viele Andeutungen an Volkslieder, und darin wurde er von Aussagen Nietzsches bestätigt.

Da ein Lehrer ihm Wagner-Opern am Klavier vorspielte und Beuys selbst Wagner-Themen im Schulorchester auf dem Cello spielte, lernte er „Tannhäuser“, „Lohengrin“ und „Rheingold“ kennen. Zwerge, Wanderer-Figuren, Schwäne, vor allem aber die Figur des Parzifal, Speere,

141 Franz Joseph van der Grinten: „Joseph Beuys: die frühen Jahre“, in: Heiner Bastian (Hrsg.): Joseph Beuys. Skulpturen und Objekte, München 1988, S. 14

142 Vgl. Heiner Stachelhaus, Joseph Beuys, S. 51

143 Hans van der Grinten erzählte dazu: „In Stockholm waren wir 1971, um eine Ausstellung aufzubauen. Am Opernhaus hatten wir ein großes Transparent gesehen, auf dem ‚Walküre‘ stand. Zufällig bekamen wir von der Besitzerin einer Loge angeboten, die Oper kostenlos anzusehen. Als wir uns abends von den Aufbauarbeiten entfernen wollten, fragte Beuys, wo wir denn hingingen. Als wir darauf antworteten ‚In die Oper‘, sagte er nur ‚Seid ihr denn verrückt?‘“, Gespräch 2.11.1991, Kranenburg

144 Zitiert nach Antje von Graevenitz: „Erlösungskunst oder Befreiungspolitik: Wagner und Beuys“, in: Gabriele Förg (Hrsg.): Unsere Wagner, Frankfurt/M. 1984, S. 11

Stäbe und die Verwendung von Gralsgefäßen kommen im Werk von Beuys vor. Beuys' Endpose mit dem Speer in der Hand am Ende der Celtic-Aktion wird auch als „Parzifal-Finale" bezeichnet.

Den Titel einer romantischen Oper von Richard Wagner – „Der fliegende Holländer" (1841) – gibt Beuys 1957 einem seiner frühen Ölbilder.[145] Er malte es auf graue Pappe. Mit Ausnahme eines senkrechten, kräftigen roten Streifens am rechten Bildrand beherrscht die ganze Bildfläche ein dunkles Blau. Die waagerechten Pinselstriche der unteren Bildhälfte deuten die Wasserflächen an, die senkrechten der oberen Hälfte den Himmel. Links von der Mitte ist mit gelblichen Farbflächen die Erscheinung eines Schiffes angedeutet – das Geisterschiff des fliegenden Holländers, dessen Umrisse sich im Wasser spiegeln.[146]

Die auffindbaren Bezüge zwischen Richard Wagner und Joseph Beuys sind denkbar vielseitig.[147] Einige wenige dieser Bezüge spiegeln sich in der Ikonographie von Beuys' Kunst wider: „Wo immer im Zusammenhang mit Beuys – bewusst oder unbewusst, kritisch erläutert oder polemisch – Bezüge zu anderen Epochen erwogen werden, ist es die deutsche Romantik im weitesten Sinne, die dazu für geeignet befunden wird. ‹…› Übereinstimmend wird bei polemischen Auseinandersetzungen vorwiegend die Spätromantik und dort insbesondere Wagner und Nietzsche zitiert, Figuren also, die in Bezug auf die deutsche Geschichte mit negativen Assoziationen belastet sind. So überschrieben amerikanische und deutsche Rezensenten ihre Kritiken zur Ausstellung im New Yorker Guggenheim Museum 1979/80 mit Titeln wie

145 Abb. in Franz Joseph van der Grinten: Joseph Beuys. Ölfarben 1936–1965, Abb. 7

146 Eine detaillierte Bildbeschreibung findet sich in Franz Joseph van der Grinten/Hans van der Grinten: Joseph Beuys. Ölfarben, S. 26

147 Siehe hierzu den Aufsatz von Antje von Graevenitz: „Erlösungskunst oder Befreiungspolitik: Wagner und Beuys", in: Gabriele Förg (Hrsg.): Unsere Wagner, S. 11–49

‚Götterdämmerung at the Guggenheim', ‚Arm in Arm mit Parzifal zum Gral', ‚The Wagnerian Chorus of Joseph Beuys at the Guggenheim'."[148]

Marcel Brodthaers schrieb 1972 einen öffentlichen Brief an Beuys und fügte seiner Botschaft einen fiktiven Brief von Jacques Offenbach an Richard Wagner ein. Beabsichtigt war die Identifizierung der beiden Adressaten.[149]

Mehr noch als der Musik galt Beuys' besonderes Interesse der Weltanschauung Wagners, insbesondere der Idee des Gesamtkunstwerks. So lautete der Titel der Züricher Ausstellung 1983 „Der Hang zum Gesamtkunstwerk".

Johannes Stüttgen spricht im Zusammenhang mit der Skulptur „7000 Eichen" von Beuys von einem Gesamtkunstwerk.[150] Und schlägt die Brücke zu Beuys' Kunstbegriff: „Beuys nennt das ‚die Idee des Gesamtkunstwerks, in dem jeder Mensch ein Künstler ist'"[151].

Die selbstverständliche Vereinigung von Kunstdisziplinen im Werk von Beuys entspricht der Wagnerschen Vorstellung eines Gesamtkunstwerks, insbesondere die Totalität eines Werkes in der Einbeziehung von Auge und Ohr.[152] Die multimedialen Vorstellungen von Wagnerschen Bühnenwerken weisen Ideen auf, die 130 Jahre später bei den von Beuys in Szene gesetzten Aktionen wieder auftauchen. Mythen,

148 Theodora Vischer: „Beuys und die Romantik", in: Museumsverein Mönchengladbach (Hrsg.): Sieben Vorträge zu Joseph Beuys, Mönchengladbach 1986, S. 84

149 Vgl. ebd. S. 85

150 Johannes Stüttgen: „Die Skulptur ‚7000 Eichen' von Joseph Beuys", in: Fernando Groener/Rose-Maria Kandler (Hrsg): 7000 Eichen. Joseph Beuys, Köln 1987, S. 56

151 Johannes Stüttgen: Zeitstau. Im Kraftfeld des erweiterten Kunstbegriffs von Joseph Beuys, Stuttgart 1988, S. 40

152 Vgl. John Francis Moffitt: Occultism in Avant-Garde Art. The Case of Joseph Beuys, London 1988, S. 31

Alchemie und die nordische Mythologie im Besonderen spielen eine große Rolle, ebenso der Gedanke der Ewigkeit und nicht zuletzt die zentrale Bedeutung des Rhythmus' und der Leitmotive, die sich wie ein roter Faden auch in den Aktionen von Beuys identifizieren lassen.

Und waren nicht auch die Fluxus-Aktionen letztendlich dramaturgische Gesamtkunstwerke mit Wort, Klang, Bühnenbild, Requisiten?

Franz Joseph van der Grinten schrieb anlässlich der Fluxus-Ausstellung 1963: „Fluxus hebt nicht nur die Isolation der einzelnen künstlerischen Disziplinen auf und schafft Gesamtkunstwerke aus der Vereinigung von malerisch-plastischen, akustisch-musikalischen, szenisch-choreographischen Elementen, sondern er reißt auch die Grenzen ein, die die Kunst von außerkünstlerischen Dingen trennen."[153]

Das Wagnersche Gesamtkunstwerk aus Musik, Text und Bühnenhandlung dehnte Beuys weiter aus, über die Grenzen der Kunstsparten und über die Grenze des Bühnenraums hinaus.

Nicht nur auf der Werkebene, sogar hinsichtlich eines Selbstverständnisses und einer politischen Einstellung sind Gemeinsamkeiten zu finden. Ähnlich wie Beuys wurde auch später Karlheinz Stockhausen mit Wagner verglichen. Allen dreien gemeinsam sind prophetische Aktivitäten und die Ansichten eines befreiten Menschen, einem durch die Kunst befreiten Individuums in einer neuen Gesellschaftsordnung, zudem die Loslösung des Christentums von der Institution der Kirche. Wie auch immer, „we shall see how Beuys and his many followers meant to effect a post Wagnerian, but still völkische, union of art and politics. Like Wagner, Beuys saw himself ‚as a prophet and savior' protesting against the bourgeois world of the twentieth cen-

153 Franz Joseph van der Grinten zitiert nach Reiner Speck: „Beuys und Musik", in: Joseph Beuys. Multiples, Bücher und Kataloge, o. S.

tury."[154] Die Beeinflussung seiner Anhänger, die von jedem dieser Künstler im Kontext ihrer Zeit ausging, lässt sich durchaus miteinander vergleichen und messen.

7.5. Verwandtschaft mit Erik Satie

Einer der von Beuys bevorzugten Komponisten war Erik Satie: „… er liebte Satie und spielte ihn vorzüglich …"[155]. Gemeinsamkeiten beider Künstler könnten der Grund für diese Affinität sein. Der bereits im Zusammenhang mit Richard Wagner erwähnte Franzose Josephin Péladan hatte 1988 die Rosenkreuzer-Bewegung gegründet, eine katholische Sekte, die den Wagnerismus pflegte. Erik Satie war für eine kurze Zeit den mystischen Tendenzen des Rosenkreuzertums nachgegangen. Mitte der 50er Jahre war Beuys von den Rosenkreuzern, die u. a. alchimistische Traditionen aufnahmen, fasziniert.[156] Die Rose spielt im Werk von Beuys – nicht zuletzt für die direkte Demokratie – eine besondere Rolle.

Satie war zeit seines Lebens unverstandener Außenseiter. Er hatte einen Verein, die „Desunion des musiciens de bas étage", gegründet und war selbst einziges Mitglied. Darüber hinaus hatte er die ganz seiner persönlichen Vorstellung entsprechende „église metropolitaen d'arte" begründet, seine Privatkirche. Auch Beuys war christlicher Überzeugung, jedoch aus der Amtskirche ausgetreten.

Beuys und Satie lehnten den traditionellen Kunst- und Konzertbetrieb ab. Satie ließ diese Haltung in sein Stück „Le Coq e l'Arlequine" einfließen, es enthält „brillante Aphorismen über Publikum, Thea-

154 John Francis Moffitt: Occultism in Avant-Garde Art. The Case of Joseph Beuys, S. 34

155 Franz Joseph van der Grinten: „Joseph Beuys: die frühen Jahre", in: Heiner Bastian (Hrsg.): Joseph Beuys. Skulpturen und Objekte, S. 22

156 Vgl. Heiner Stachelhaus, Joseph Beuys, S. 52

ter und musikalisches Leben im Allgemeinen."[157] Beuys hatte entgegen aller Widerstände darauf bestanden, dass bei der Ausstellungseröffnung 1961 im Städtischen Museum Haus Koekkoek in Kleve Satie gespielt wurde.[158]

Bei der Vorführung der „Sibirischen Symphonie, 1. Satz" hatte Beuys in die Aktion Musik von Erik Satie eingeblendet. Dabei handelte es sich um einige Motive aus „La Messe des pauvres" und einige Harmonien aus „Sonnerie de la Rose et Croix".[159]

Auch bei der „Schottischen Symphonie" wurde ein Klavierstück von Satie eingespielt. Beuys bestätigte seine Vorliebe für dessen Musik: „Ja, richtig. Es sind überall Klavierstücke von Satie eingearbeitet."[160] Und auf die Frage, warum er gerade Satie wählte, antwortete er: „Satie spielte innerhalb des Tonlichen eine ähnliche Bedeutung wie Joyce mit seinem, sagen wir mal, dichterischen oder literarischen Ergebnissen. Beide versuchen ja, einen Mythos aufzubauen, der sich bezieht auf den einfachen Mann. D. h. letztendlich, bei Satie ist es mehr die Armut selbst, die ihm sein Publikum sein soll oder eines Tages sein könnte."[161]

Mario Kramer fasst die Verbindungen zwischen Beuys und Satie noch enger: „Nicht nur die klanglichen Qualitäten von Satie stehen in Einklang mit den Tonfolgen der übrigen Kompositionen des ‚Requiem of Art', es lässt sich auch eine künstlerische Verwandtschaft zu den Wer-

157 Paul Collaer: Geschichte der Modernen Musik, Stuttgart 1963, S. 252

158 „Es war sehr schwer, überhaupt an Noten zu kommen. Beuys hatte sich extra von einem Freund in Paris drei Notenhefte schicken lassen. Die Klever und die Leute von Wylerberg waren gegen Satie. Es gab so viel Knies, dass Frau Bernauer, die Pianistin, sich schon gar nicht mehr traute, zu spielen. Schließlich erklärte sich Horst Feuerstein, der Sohn des damaligen Stadtkämmerers bereit, zu spielen." (Hans van der Grinten, Gespräch 2.11.1991, Kranenburg)

159 Vgl. Caroline Tisdall: Joseph Beuys, S. 88

160 Joseph Beuys im Interview mit Mario Kramer, in: Mario Kramer: Joseph Beuys. Das Kapital Raum 1970–77, S. 10

161 Ebd.

ken von Beuys erkennen. Dafür spricht Saties Streben nach einer Verschmelzung von Musik, Literatur und Bildender Kunst ‹…› und sein kritisches Verhältnis zu ‚Kunst und Alltag'. ‹Und man kann› meines Erachtens davon sprechen, dass Beuys in der künstlerischen Tradition von Erik Satie steht."[162]

162 Ebd., S. 163

8. Partituren und Notationen: Planung und Erläuterung der Aktionen im bildnerischen Werk

Betrachtet man die zahlreichen Blattwerke, die Beuys als Notationen betitelt, könnte man ihn als eine Art Komponisten bezeichnen, der Ideen und Strukturen für Aufführungen und szenische Umsetzungen im Wortsinn „zusammenstellt", aufs Papier bringt und dafür hin und wieder sogar Notenpapier mit Fünf-Linien-System verwendete, ohne darin jedoch Tonhöhen einzuzeichnen:

„Im Zuge seines Einsatzes im Fluxus entstanden seit 1963 Notationen, in denen, durchaus bildmäßig, Aktionsideen auf ihre szenische Verwirklichung hin durchgeformt wurden. Daran schließen sich in wachsendem Maße als fast einzige zeichnerische Äußerungen der späteren 60er Jahre Aktionspartituren, Gesprächspläne, demonstrierende Skizzierungen, die, in erster Linie als sichtbare Erläuterungen von Gedankengängen gedacht, meist die gezeichnete Linie mit dem geschriebenen Wort verbinden, dieses auf eine unprätentiöse Weise aber unübersehbar kalligraphisch einbeziehen ‹…›."[163]

Beispiele solcher Zeichnungen wurden bereits im Zusammenhang mit der Aktion „Sibirische Symphonie" beschrieben. Zahlreiche Bildwerke nannte Beuys sogar im Titel Partitur, und „es gibt keine Par-

163 Franz Joseph van der Grinten: „Fünf Texte zu Joseph Beuys, in: ders./Hans van der Grinten: Bleistiftzeichnungen 1946–1964, Frankfurt/M. 1973, S. 11

titur, die nicht mit einer Aktion im Zusammenhang steht"[164] oder anders gesagt: „Partituren sind bei Beuys Notationen für szenische Aktionen".[165]

Dem lateinisch-italienischen Ursprung des Wortes nach bedeutet Partitur eine Einteilung. In diesem Sinne geben die gezeichneten und gemalten Partituren bei Beuys einen Einblick in die Gliederung einer Aktion oder in die Struktur eines Gedankenganges oder eines Kommunikationsvorgangs.

Da in der zeitgenössischen Musik neben die traditionell auf Notensystemen notierte Partitur längst die graphische Notation getreten ist, stellt eine zeichnerische Notation keine Neuerung dar. Graphische Notation legt nicht zwingend zu jedem Ton die Parameter Höhe, Dauer und Dynamik fest. Eine gezeichnete Kompositionsstruktur lässt mitunter dem Interpreten des Werkes improvisatorische Freiheiten. Von hier aus ist es nicht weit zur Zeichnung mit graphischer Darstellung von Frequenzen, Tongemischen, Zeitdauern und Schallstärken.

Eine graphische Partitur, sei sie gezeichnet oder gemalt, unterscheidet sich demnach lediglich in der äußeren Form, nicht aber in ihrer Bedeutung von der herkömmlichen Partitur in Noten. Beide sind Vorlagen für die Reproduktion eines komponierten Werkes, sind Aktionspläne, die Klang ordnen und in eine Darstellungsform bringen.

Auch die Partituren von Beuys sind Abbilder seiner Intentionen, Entwürfe als Vorstufe für eine endgültige Ausführung seiner Ideen, auch wenn sie keine detaillierten Vorgaben für eine Aufführung liefern. Vielmehr leiten sie zur Aktion an, bieten eine optische Struktur derselben und regen zu Assoziationen an.

164 Hans van der Grinten, Gespräch 2.11.1991, Kranenburg

165 Franz Joseph van der Grinten/Hans van der Grinten: Joseph Beuys. Ölfarben, S. 66

Zeichnungen werden von Beuys als „Partitur“ betitelt, wenn er Dinge für sich in ein Begriffsbild bringen will: „Dies soll in den Zeichnungen angegeben werden. Das sind quasi Partitur-Elemente, oder man kann auch sagen Noten, es ist eine Art Notenschrift.“[166]

Warum gerade Zeichnungen als Partitur dienen, erklärt Franz Joseph van der Grinten: „Alles kann Zeichnung sein, alles wie die Sprache, wie Wort und Satz, wie bloßer Laut und Klang.“[167]

Beispiel für eine Partitur ist die Zeichnung „Partitur für Aktion mit Sender (Filz) Empfänger (Filz)“[168] (1973). Die überwiegende Fläche der Bleistiftzeichnung ist mit verzerrten Linien übersät, die nicht direkt vom Empfänger zum Sender – beide Begriffe stehen frei in der oberen Hälfte des Blattes – verlaufen. Vom Zentrum bis zum rechten Blattrand reicht ein Block mit sieben Linien, auf denen Punkte und Striche verlaufen, die in Andeutung des Morse-Alphabetes kurze und lange Signale senden. Auf gleicher Höhe am linken Blattrand steht vertikal das Wort „Entladung“.

Beuys zeichnete und gewann damit Klarheit über seine (Aktions-) Arbeit. Einige Zeichnungen sind Experimentierfelder für Ideen, Bezüge, Korrespondenzen. Oft verwendete Beuys Pappe, gestempeltes, gefaltetes, gerissenes, liniertes oder kariertes Papier. Als Untergrund für eine Bleistiftzeichnung ohne Titel von 1946 diente Beuys die obere, abgerissene Hälfte einer Seite Notenpapier.[169] Eine frühe Zeichnung von 1951 trägt den Titel „Komponist und Frau auf Barren“, der Komponist ist mit einer plastisch auffallenden Hörschnecke versehen. Das

166 Joseph Beuys in Interview mit Mario Kramer, in: Mario Kramer: Joseph Beuys. Das Kapital Raum 1970–77, S. 15

167 Franz Joseph van der Grinten, zitiert nach Beuys vor Beuys. Frühe Arbeiten aus der Sammlung van der Grinten, S. 260

168 Abb. in Joseph Beuys. Arbeiten aus Münchener Sammlungen, S. 120

169 Ebd., S. 42

Hören wird in anderen Zeichnungen thematisiert, wie z. B. bei der Arbeit „Hörendes Objekt – großes und kleines Trommelfell“ (1954).

Wieder andere Partituren stehen in Verbindung zu einer Aktion. Bildwerke mit dem Titel „Partitur für Iphigenie“[170] entstanden 1967/68. Es existieren jedoch auch Bilder, die zwar den Titel „Partitur“ tragen, jedoch nicht offensichtlich einer Aktion zuzuordnen sind, wie z. B. „Partitur“[171] von 1964, gemalt mit Ölfarben, Tinte und Bleistift auf Schreibpapier. Die Aktionsfläche hier wird von zwei unterschiedlichen Formen dominiert, einer länglich rundlichen und einer rechteckigen, die deutlich als Briefumschlag zu erkennen ist. Eben diese beiden Formen tauchen schon vorher in der „Partitur (zu Eurasia)“[172] (1963) – gemalt mit Tinte und Ölfarbe auf ein Doppelblatt – auf. Auf diese Weise gibt es zumindest einen Hinweis auf eine mögliche Zuordnung der beiden Partituren zu einer Aktion.

Völlig anders gestaltet ist das Textblatt „Ohne Titel (Partitur)“[173] von 1962. Auf die einleitenden Worte „Dieses Lied singen gemeinsam moduliert nur durch ihre jeweilige Existenzform“ folgt eine Reihe mit Tinte untereinander geschriebener Namen von verstorbenen und noch lebenden Personen, darunter Freunde, Künstler und auch die Komponisten Nam June Paik und Terry Riley. In der Mitte ist das Blatt mit dem „Hauptstromstempel“ versehen. Diese Partitur legt zwar nicht das klangliche Ergebnis, dafür aber die Besetzung des fiktiven Liedes genau fest.

---

170 Abb. ebd. S. 130

171 Abb. in Franz Joseph und Hans van der Grinten: Joseph Beuys. Ölfarben 1936–1965, Abb. 109

172 Abb. in Carl Haenlein (Hrsg.): Joseph Beuys. Eine innere Mongolei, Abb. 122

173 Abb in Joseph Beuys. Arbeiten aus Münchener Sammlungen, S. 123

9. Multiples mit Musik

Multiples waren für Beuys ein wichtiges Mitteilungsintrument zur Verbreitung von Ideen in der Öffentlichkeit. Viele Multiples beinhalten den Aspekt des Akustischen.

Ein frühes Beispiel ist das Multiple „Fettdose, akustisches Objekt zum Stecken“ (1953). Das Offset-Multiple „L'udito (Beuys benutzt ein akustisches Objekt)“ (1974) ist durch zwei Hauptstrom-Stempel dicht unter Beuys' Ohr markiert. Es ergab sich aus der Aktion „Hauptstrom“ mit Henning Christiansen in der Galerie Franz Dahlem in Darmstadt 1967. Bei dieser Aktion wurde ein Wärme-Akustik-Korrelat aus u. a. Fettringen und Fettwegen als eine Antenne eingesetzt, die vom Boden zu Beuys' Ohr führte.[174] Ein unhörbares Multiple ist dagegen „Das Schweigen“ (1962). Es besteht aus fünf Rollen des gleichnamigen Films von Ingmar Bergmann, die Beuys verzinkte, sowie dem dazu gehörenden Filmkarton.

Andere Beuys-Multiples sind Relikte von Aktionen. Die 32-minütige Tonbandaufnahme vom Fluxus-Konzert 1968 erschien – eingebettet in einen Stapel Filzquadrate – unter dem Titel „Ja Ja Ja Ja Ja, Nee Nee Nee Nee Nee“. Ein Doppelalbum enthält auf zwei LPs die Aufnahmen der Musik aus den Celtic-Aktionen in Edinburgh und Basel 1970/71, die „Schottische Symphonie“ und das „Requiem of Art“ mit Beuys und Henning Christiansen. Das Umschlagfoto zeigt das Objekt aus

174 Vgl. Dirk Stemmler: Zu den Multiples von Joseph Beuys, S. 13

dem Fluxus-Konzert (Düsseldorf 1963), mit dem Beuys die „Komposition für zwei Musikanten“ aufgeführt hatte.

Das Multiple „Celtic + ~~~“ ist eine 25 Minuten dauernden Super–8mm-Filmaufnahme der Celtic-Aktion in einer Kartonschachtel zusammen mit zehn Fotos und einem Fläschchen Bienenwachs.

An das Konzert „... oder sollen wir es verändern“ mit Henning Christiansen 1969 in Mönchengladbach erinnert ein Kassettenrekorder, braun gestempelt, mit bespielter Kassette. Die Aufnahme erschien unter dem Titel „Ich versuche die freizulassen (machen)“, wie auch das Konzert zwei Jahre vorher in Berlin bezeichnet wurde. Unter dem zuerst genannten Titel wurde das Konzert in Mönchengladbach wiederholt.

Eine weitere Schallplatte wurde von einer Tonbandaufnahme gepresst, die während eines spontanen Konzertes von Albrecht D. und Joseph Beuys im Londoner Institute of Contemporary Art am 1. November 1974 stattfand. Ihr Titel lautet „A Concert at the ICA“.

Und auch der anfangs erwähnte Song „Sonne statt Reagan“ wurde auf Celluloid gebannt, in limitierter Auflage mit rotem Farbring auf dem Cover, ohne diesen in unlimitierter Auflage.

Während der ersten USA-Reise entstand das Multiple „Am Klavier Georg Jappe“[175] (1974) Ein auf Graupappe aufgezogenes Schwarzweiß-Foto zeigt die Tastatur eines Klaviers mit dem Marken-Namen „Georg Steck“, eine Anspielung auf den Künstler und Verleger Klaus Staeck. Links steht auf der Tastatur ein Streichholzbriefchen mit einer New Yorker Adresse, wo regelmäßig ein „George Jaile“ am Klavier zu

175 Abb. in Jörg Schellmann/Bernd Klüser: Joseph Beuys. Multiplizierte Kunst. Werkverzeichnis Multiples und Druckgraphik, München 1977[4], Abb. 106

hören sei. Beuys änderte den Namen handschriftlich in den des Kritikers Georg Jappe.[176]

Von der Einladungskarte zum Konzert „In memoriam George Maciunas“ wurde eine Fotoleinwand erstellt. Auch die Eintrittskarte zum Klavierduett von Beuys und Paik 1978 wurde – in Originalgröße – zum Multiple, außerdem eine Kassette mit 52 Siebdruckkarten „Pianoduett by Beuys and Paik“.

Und nicht zuletzt die grüne Geige[177] von Henning Christiansen wurde als Multiple in nur wenigen Exemplaren herausgegeben. Der Geigenkorpus ist bemalt und gestempelt. Zur Geige gehören zwei miteinander verkabelte Blechdosen, von denen eine mit einem Braunkreuz versehen ist. Der Titel des Ensembles lautet „Grüne Geige und Telefon S---------Ǝ“. Das Dosentelefon besteht also aus Sender (S) und Empfänger (E), wobei das E dem Sender zugewandt ist.

176 Vgl. den Titel des Aufsatzes von Georg Jappe: „Am Klavier Joseph Beuys“

177 Abb. in Heiner Bastian (Hrsg.): Joseph Beuys. Skulpturen und Objekte, S. 211

10. Anti-Konzert und die Ikonographie des Hörbaren

Während Beuys musikalische Elemente in seine Kunst aufgenommen hat, vor allem in den 1960er und 1970er Jahren, wurde zeitgleich Kritik am traditionellen Musik- und Konzertbetrieb geübt. Das vielfach wiedergegebene Zitat von Pierre Boulez, der 1967 forderte „Sprengt die Opernhäuser in die Luft!" hallt hier in den Ohren, auch wenn der Komponist hier mehr die Inhalte und Programme der Opernbühnen kritisierte, als die Institution der Oper selbst. Beuys konstatierte für sich und im Sinne einer Befreiung der Kunst aus einem konservativen Korsett: „Wir leben nicht in einer Zeit, die durch Kunst, Tanz und Malerei, Musik im bürgerlichen Sinne bestimmt ist."[178]

Ein reines Schubladen-Denken ist hier jedoch nicht anwendbar. Beuys legte zuhause Schallplatten mit Streichquartetten von Beethoven auf. Es ging ihm also nicht um eine Ablehnung der klassischen Musik, sondern eher um einen bestimmten Umgang mit ihr. Im Zusammenhang mit dem Konzert „In memoriam George Maciunas" bestätigte er: „Ja, das habe ich gesagt: Mozart-Schweinefleisch, Beethoven-Schweinefleisch, ich habe die ganze traditionelle Musik diffamiert ‹...› ich wollte die Leute nicht beschimpfen, sondern transportieren, dass die ganze klassische Musik konsumiert wird wie Schweinefleisch."[179]

178 Beuys zitiert nach Theo Altenberg/Oswald Oberhuber: Gespräch mit Beuys, S. 36

179 Beuys zitiert nach Georg Jappe: „Am Klavier Joseph Beuys", S. 75

An anderer Stelle kritisierte er unreflektierten Konzertbetrieb und bloßes Klaviervirtuosentum noch schärfer: „Sie kommen immer wieder auf diesen Scheiß-Künstler zurück, diesen Verbrecher, dieses Arschloch, diesen impotenten Hund, der doch alles verhindert, der die Umwelt verschmutzt! – natürlich nicht, weil er Klavier spielt, sondern weil er es versäumt, auch noch darüber nachzudenken, was an der Schwelle passiert mit seiner Kunst; dass er eben noch sehr viel mehr leisten muss als – sagen wir mal – Virtuose auf dem Klavier zu sein. ‹…› Wenn er das nicht tut, wird er mit Sicherheit ein schlechter Pianist. Deswegen haben wir ja so viele schlechte Pianisten. ‹…› Eine solche Musik, die wollen wir doch gar nicht mehr hören, das ist wirklich fieser, dreckiger Konzerthausscheiß. Ich sage das jetzt mal so, wie ich es erlebe. Da ist mir doch jedes Kind, das versucht, ein Lied zu singen da in der Kammer, ist mir doch lieber – und sei es noch so unvollkommen – als das, was heute im Konzertbetrieb passiert …“[180]

Auch die Musiker und Komponisten der Avantgarde jener Zeit brachen mit den Konventionen und festen Ritualen des klassischen Konzertlebens. Man löste sich von fester Sitzordnung im Konzertsaal, vom herkömmlichen Einsatz der Instrumente, von bisheriger Notenschrift zugunsten von Raumklang, Einbeziehung elektronischer Klangquellen, Aleatorik, Improvisation und der Emanzipation des Geräusches in der Kunstmusik.

So, wie die Fluxus-Akteure sich von den Traditionen des klassischen Bühnenspektakels befreiten, suchte Beuys nach einer Loslösung der musikhistorischen Abfolgen und verfolgte die Idee einer Zukunftsmusik, die nicht erst die Schultern der komponierenden Vorgänger erklimmen muss, dabei schlägt er selbst den epochalen Bogen von der Musik des Mittelalters und früher Mehrstimmigkeit bis zur Musik der Gegenwart: „Also nicht mehr, dass eins sich aus dem anderen auf-

180 Joseph Beuys/Michael Ende: Kunst und Politik. Ein Gespräch, Wangen 1989, S. 52

baut, Mozartelemente bei Beethoven usw., das muss aus der Zukunft kommen, so etwa nach der Idee: die Wirkung ist eher sichtbar als die Ursache. Also die Kausalität der Entwicklung, die heute noch den Konzertsaal beherrscht, ob man nun bei Gregorianik anfängt oder École de Notre Dame oder Josquin des Prez oder Schütz und mal ein bisschen Stockhausen dranhängt – also dass man stattdessen etwas bringt, bevor es da ist."[181]

Die Verwendung musikalischer Mittel und akustischer Materialien kann zunächst nur vorbehaltlos beschrieben werden. Davon ausgehend versucht man, sich Beuys' Absichten anzunähern. Alles, was in seinem Werk mit Wahrnehmung, Hören, Geräusch und Ton zu tun hat, gehört zu einer Klangwelt, die ein weites Spektrum abdeckt: „Die Musik bei Beuys bewegt sich ‹…› als akustisches Element zwischen den beiden Polen des Schweigens und der Stille einerseits und des Lärms andererseits."[182]

Mit musikwissenschaftlichen und kunsthistorischen Interpretationen darf man zurückhaltend sein. Visuelles und Akustisches sind miteinander verbunden, geben Raum für Intuition und entziehen sich hier und da einer rationalen Erklärung. Beuys' Arbeitsmaterial, seine Zeichen und Rituale sind nicht nur Symbole mit festgelegter Bedeutung im Sinne einer barocken Affekten-Lehre, sondern geben dem Wahrnehmenden Orientierung im Gang durch seine Kunstbotschaften. Dennoch bleibt das eine oder andere rätselhaft, denn „dass Beuys mit einem Symbolbegriff im traditionellen Sinne nicht beizukommen ist, erfährt M. Jochimsen, wenn sie eine Arbeit von Beuys mit dem von Panofsky entwickelten Instrumentarium zu analysieren sucht. Sie kommt zum Schluss, dass ‚die Suche nach einer Bedeutung im Sinne Panofskys, d. h. eine Bedeutung, die sich aus der traditio-

181 Beuys zitiert nach Georg Jappe: „Am Klavier Joseph Beuys", S. 74
182 Reiner Speck: „Beuys und Musik", in: Joseph Beuys. Multiples, Bücher und Kataloge, o. S.

nellen und allgemein akzeptierten Symbolfunktion visueller Erscheinungen ergibt', über Beuys nichts aussagen kann."[183]

Das so oft zum Einsatz kommende Klavier ist nicht einfach ein Symbol für das instrumentale Zentrum eines Konzertgeschehens, sondern wird wie auch das weitere „ausgewählte Material zu Identitäten qualifiziert"[184]. Der Einsatz dieses optisch gewichtigen Instrumentes verleiht den Aktionen Konzertcharakter, ohne Nähe zu herkömmlichen Konzerten zu schaffen. Vielmehr steht es auch als Signal für die in diesem Moment nachvollziehbare Entfernung vom gewohnten Konzertformat.

Die herausragende Bedeutung, die Beuys dem Hörsinn gibt, beschreibt Karlheinz Stockhausen wie ein Geistesverwandter: „Schwingungen zu Gebilden zu formen, ‹…› und diese Gebilde wahrzunehmen mit unserem Geist und dieses Luftschwingungen zu erkennen und wahrzunehmen, wie man sonst im physischen Leben Personen oder Gegenstände wahrnimmt, das ist die höchste Kunst, die ein Mensch mit seinen Sinnen erreichen kann. Das Durchhören und völlige Verstehen von akustischen Gebilden und von Kunstgebilden aus Schallschwingungen ist, wie ich glaube, die höchste Kunst …"[185]

Beuys war davon überzeugt, dass man eine Plastik hört, bevor man sie sieht. Das Ohr sei das Wahrnehmungsorgan für Plastik.[186] Daraus folgt unmittelbar seine Überzeugung, dass schon Sprache Plastik sei, zumal sie durch das Ohr wahrnehmbar ist: „Das Sprechen ist sicher schon eine Plastik, da es sich ja abstützt auf ein Organ, näm-

183 Theodora Vischer: Beuys und die Romantik, S. 27/28

184 Ebd.

185 Stockhausen zitiert nach Klaus H. Schader: „Zu der höchsten Kunst auf diesem Planeten. Aus einem Gespräch mit dem Komponisten Karlheinz Stockhausen", in : Neue Musikzeitung, 3/1991, S. 4

186 Vgl. Ingrid Burgbacher-Krupka: Prophete rechts, Prophete links. Joseph Beuys, S. 19

lich auf eine Plastik. Der Kehlkopf ist sicher eine phantastische Plastik, auch im Sinne des Organischen und der Gesetzmäßigkeiten der Schallwellen."[187]

Logischerweise erweitert Beuys damit nicht nur seinen Kunst- sondern auch den Musikbegriff: „Aber auf jeden Fall ist Sprache an sich selbst für mich natürlich auch Musik. Und ein wissenschaftlicher Vortrag könnte auch Musik sein."[188]

Das Musikalische und das Akustische in der Kunst von Joseph Beuys, die hörbaren Motive in seinem Werk sprengen den Rahmen eines herkömmlichen Begriffes von Ikonographie. Dieser Begriff muss daher geöffnet werden. Eine „Ikonographie des Hörbaren" könnte es treffen.

187 Georg Jappe in einem Vortrag, zitiert nach ebd. S. 99
188 Beuys im Gespräch mit Gottfried Tollmann: „Beuys keep swinging", S. 21

Literatur

Adriani, Götz/Winfried Konnertz/Karin Thomas: Joseph Beuys. Leben und Werk, Köln 1973 und 1986[3]

Albet, Montserrat: Moderne Musik. Von den Regeln der Klassik zum freien Experiment, Reinbek bei Hamburg 1977

Altenberg, Theo/Oswald Oberhuber (Hrsg.): Gespräche mit Beuys. Joseph Beuys in Wien und am Friedrichshof, Klagenfurt 1988

Bastian, Heiner: tod im leben, gedicht für joseph beuys, München 1972

Bastian, Heiner: Joseph Beuys. Zeichnungen, Ausst. Kat., Berlin 1979

Bastian, Heiner (Hrsg.): Joseph Beuys. Skulpturen und Objekte, München 1988

Bastian, Heiner: Abschied von Joseph Beuys. Noch steht nichts geschrieben, Köln 1986

Bauer, Hermann: „Was bleibt von Beuys?", in: PAN, 3/1986, S. 52–59

Becker, Jürgen/Wolf Vostell (Hrsg.): Happenings, Fluxus, Pop Art, Noveau Réalisme, Reinbek bei Hamburg 1965

Beuys, Joseph. Fluxus. Aus der Sammlung van der Grinten, Stallausstellung im Hause van der Grinten, Kranenburg, Kleve 1963

Beuys, Joseph. Werke aus der Sammlung Karl Ströher, Ausst. Kat. Kunstmuseum Basel, Basel 1969/70

Beuys, Joseph. Zeichnungen 1947–1959. Gespräch zwischen Joseph Beuys und Hagen Lieberknecht geschrieben von Joseph Beuys, Köln 1972

Beuys, Joseph. Katalog der Kestner-Gesellschaft Hannover, Hannover 1975

Beuys, Joseph im Kaiser-Wilhelm-Museum, Ausst. Kat. Krefeld 1976

Beuys, Joseph. Zeichnungen, Ausst. Kat., Köln 1978

Beuys, Joseph. Zeichnungen Tekeningen Drawings, Berlin 1979

Beuys, Joseph. Partituren 1957–1978, Rom 1979

Beuys, Joseph. Arbeiten aus Münchener Sammlungen, München 1981

Beuys, Joseph. Words which can hear, London 1981

Beuys, Joseph. Frauen. Zeichnungen von 1947–1961, Ausst. Kat., Düsseldorf 1982

Beuys, Joseph. Zeichnungen, Ausst. Kat., Bern 1983

Beuys, Joseph. Landschaften. Zeichnungen 1947–1959, Ausst. Kat., Wuppertal 1984

Beuys, Joseph. An Exhibition Based on The Ulbricht Collection. The Seibu Museum oft Art, Tokio 1984

Beuys, Joseph. Aquarelle und aquarellierte Zeichnungen 1936–1976, Ausst. Kat., Düsseldorf 1986

Beuys, Joseph. Suite Schwurhand, Vaduz 1986

Beuys, Joseph. Wilhelm-Lehmbruck-Preis 1986, Reden zur Verleihung, Duisburg 1986

Beuys vor Beuys. Frühe Arbeiten aus der Sammlung van der Grinten. Zeichnungen, Aquarelle, Ölstudien, Collagen, Köln 1987

Beuys, Joseph. Eurasienstab, Galerie Anny De Dekker, Antwerpen 1987

Beuys, Joseph. Werken in het Fluxus-Archief Harry Ruhe, Amsterdam 1987

Beuys, Joseph. „Die Zeichnung ist Verlängerung des Gedankens". Begegnung mit Beuys, Ausst. Kat., Xanten 1987

Beuys, Joseph im Wilhelm-Lehmbruck-Museum Duisburg, Duisburg 1987

Beuys, Joseph. Skulpturen und Objekte, Ausst. Kat. Martin Gropius Bau Berlin, München 1988

Beuys, Joseph. Ideas and Actions, New York 1988

Beuys, Joseph. Ausstellung im Martin Gropius Bau Berlin 20.2.–1.5.1988, Presseberichte, Berlin 1988

Beuys, Joseph. Plakate. Werbung für die Kunst, Ausst. Kat., München 1991

Beuys, Joseph/Michael Ende: Kunst und Politik. Ein Gespräch, Wangen 1989

Beuys en Vienna, Ausst. Kat., Wien 1991

Bless, Frits: Joseph Beuys, een gesprek, Apeldoorn 1987

Bleyl, Matthias (Hrsg.): Joseph Beuys. Der erweiterte Kunstbegriff, Darmstadt 1989

Bodenmann-Ritter, Clara (Hrsg.): Joseph Beuys. Jeder Mensch ein Künstler. Gespräch auf der Dokumenta 5/1972, Frankfurt/M. 1991[3]

Bojescul, Wilhelm: Zum Kunstbegriff des Joseph Beuys, Berlin 1981

Burbank, Richard: Twentieth Century Music, London 1984

Burgbacher-Krupka, Ingrid: Prophete rechts, Prophete links. Joseph Beuys, Nürnberg 1977

Cage, John: Für die Vögel. Gespräche mit Daniel Charles, Berlin 1984

Christiansen, Henning: „Joseph Beuys: Fluxusmensch", in: Kunstforum, Bd. 115, Sept./Okt. 1991, S. 156–165

Collaer, Paul: Geschichte der Modernen Musik, Stuttgart 1963

Daniels, Dieter: „Fluxus und mehr. Interview mit Nam June Paik", in: Kunstforum, Bd. 115, Sept./Okt. 1991, S. 206–211

Daniels, Dieter: „Vier Fragen an John Cage", ebd. S. 214–215

Decker, Edith: Paik. Video, Köln 1988

D'Offay, Anthony: Joseph Beuys. Words which can hear, London 1981

FIU Kassel (Hrsg.): Die unsichtbare Skulptur. Zum erweiterten Kunstbegriff von Joseph Beuys, Stuttgart 1989

FLUXUS etc., 20.9.–1.11.1981, Cranbrook Academy of Art Museum, Bloomfield Hills, Michigan 1981

Gradenwitz, Peter: Wege zur Musik der Zeit, Wilhelmshaven 1974

Graevenitz, Antje von: „Erlösungskunst oder Befreiungspolitik: Wagner und Beuys", in: Gabriele Förg (Hrsg.): Unsere Wagner, Frankfurt/M. 1984, S. 11–49

Gregor-Dellin, Martin: Richard Wagner. Sein Leben, sein Werk, sein Jahrhundert, München 1980

Greiner, Ulrich: „Sänger des höheren Schwachsinns: Beuys und seine Interpreten", in: ZEIT, Nr. 14, 1.4.1988, S. 55

Grinten, Franz Joseph van der: „Joseph Beuys symphonisch in fünf Sätzen", in: Friedhelm Mennekes (Hrsg.): Franz Joseph van der Grinten zu Joseph Beuys, Köln 1993, S. 180–187

Grinten, Franz Joseph van der/Hans van der Grinten: Joseph Beuys. Bleistiftzeichnungen aus den Jahren 1946–1964, Frankfurt/M. 1973

Grinten, Franz Joseph van der/Hans van der Grinten: Joseph Beuys. Wasserfarben 1936–1963, Frankfurt/M. u. a. 1975

Grinten, Franz Joseph van der/Hans van der Grinen: Joseph Beuys. Ölfarben, München 1981

Grinten, Hans van der: Joseph Beuys. Objekte und Zeichnungen, Wuppertal 1971

Groener, Fernando/Rose-Maria Kandler (Hrsg.): 7000 Eichen. Joseph Beuys, Köln 1987

Haenlein, Carl (Hrsg.): Joseph Beuys. Eine innere Mongolei, Ausst. Kat., Kestner Gesellschaft, Hannover 1990

Häusler, Josef: Musik im 20. Jahrhundert. Von Schönberg zu Penderecki, Bremen 1972[2]

Harlan, Volker: Was ist Kunst? Werkstattgespräch mit Beuys, Stuttgart 1986

Harlan, Volker/Rainer Rappmann/Peter Schata: Soziale Plastik. Materialien zu Joseph Beuys, Achberg 1980[2]

Herbort, Heinz Josef: „Der Mensch steht mit dem Kopf im Himmel. Ein ZEIT-Gespräch mit Karlheinz Stockhausen", in: ZEIT, 19.8.1988, S. 34

Hohmeyer, Jürgen: „Das Tragende muss zuerst befreit werden", in: DER SPIEGEL, Nr. 5/1986, S. 190–191

Georg Jappe: „Am Klavier Joseph Beuys", in: Kunst Nachrichten, 3/Mai 1985, S. 72–76

Joachimides, Christos M.: Joseph Beuys. Richtkräfte. Nationalgalerie Berlin 1977

Kaemmerling, Ekkehard (Hrsg.): Ikonographie und Ikonologie. Theorien – Entwicklung – Probleme. Bildende Kunst als Zeichensystem, Bd. 1, Köln 1987[4]

Kramer, Mario: Joseph Beuys. Das Kapital Raum 1970–77, Heidelberg 1991

Kostelanetz, Richard: John Cage, Köln 1973

Kostelanetz, Richard: John Cage im Gespräch zu Musik, Kunst und geistigen Fragen unserer Zeit, Köln 1989

Maur, Karin v. (Hrsg.): Vom Klang der Bilder. Die Musik in der Kunst des 20. Jahrhunderts, München 1985

Moffitt, John Francis: Occultism in Avant-Garde Art. The Case of Joseph Beuys, London 1988

Museumsverein Mönchengladbach (Hrsg.): Sieben Vorträge zu Joseph Beuys, Mönchengladbach 1986

Nijmeegs Museum Commanderie von Sint Jan (Hrsg.): Joseph Beuys. Braunkreuz, Nijmegen 1985

Oman, Hiltrud: Die Kunst auf dem Weg zum Leben. Joseph Beuys, Berlin 1988

Panofsky, Erwin: Sinn und Deutung in der Bildenden Kunst, Köln 1978

Pohlen, Annelie (Hrsg.): Zeichen und Mythen. Orte der Entfaltung von Joseph Beuys, Köln 1982

Romain, Lothar/Rolf Wedewer: Über Beuys, Düsseldorf 1972

Ruetz, Michael: Beuys. 63 Photographien und ein Text von Novalis, Nördlingen 1986

Sager, Peter: „Die Beuys-Hüter", in: ZEIT-Magazin, Nr. 2, 4.1.1991, S. 15–17

Schader, Klaus H.: „Zu der höchsten Kunst auf diesem Planeten. Aus einem Gespräch mit dem Komponisten Karlheinz Stockhausen", in: Neue Musikzeitung, 3/1991, S. 3–4

Schellmann, Jörg/Bernd Klüser (Hrsg.): Joseph Beuys. Multiplizierte Kunst. Werkverzeichnis Multiples und Druckgraphik, München 1985[6]

Schmidt, Hans Martin: Joseph Beuys. Zeichnungen und andere Blätter aus der Sammlung Karl Ströher, Ausst. Kat., Darmstadt 1972

Schnebel, Dieter: Mauricio Kagel. Musik Theater Film, Köln 1970

Schneider, Peter: „Zerhackte Klaviere und andere Sachen. Eine Abrechnung mit FLUXUS, Happening, Pop Art", in: ZEIT, NR. 13, 25.3.1966, S. VII–VIII

Speck, Reiner: „Beuys und Musik", in: Joseph Beuys. Multiples, Bücher und Kataloge. Aus der Sammlung Dr. med. Speck, Kassel 1975, o. S.

Stachelhaus, Heiner: Joseph Beuys, München 1990[2]

Stachelhaus, Heiner: „Joseph Beuys. Genie oder Scharlatan?", in: PAN, 4/1988, S. 88–95

Staeck, Klaus (Hrsg.) Ohne die Rose tun wir's nicht. Für Joseph Beuys. Heidelberg 1986

Stauch-v. Quitzow, Wolfgang: „Wohin mit Joseph Beuys' ‚Revolutionsklavier'" in Fränkische Nachrichten, Nr. 190, 19./20.8.1972

Stemmler, Dirk: Zu den Multiples von Joseph Beuys, Bonn 1977

Stüttgen, Johannes: „Musik für's Denken", masch.-schriftl. Man. Wangen 1980/81

Stüttgen, Johannes (Hrsg.): Similia similibus. Joseph Beuys zum 60. Geburtstag, Köln 1981

Stüttgen, Johannes: Zeitstau. Im Kraftfeld des erweiterten Kunstbegriffes von Joseph Beuys, Stuttgart 1988

Stüttgen, Johannes: „Protokoll zu Beuys und Christiansen. Celtic (Schottische Symphonie)", in: Interfunktonen, Heft 5/Nov. 1970, S. 55ff

Tisdall, Caroline: Joseph Beuys, New York 1979

Tollmann, Gottfried: „Beuys keep swinging", in: SPEX Musik zur Zeit, Nr. 9/Sept. 1982, S. 19–21

Verspohl, Franz-Joachim: Zeichnen ist eigentlich…nichts anderes als Planung. Joseph Beuys bei der Tafelarbeit, Mönchengladbach 1988

Verspohl, Franz-Joachim: Joseph Beuys. Das Kapital Raum 1970–77, Frankfurt/M., 1990[2]

Verspohl, Franz-Joachim: „Museumskunst und Soziale Plastik. Joseph Beuys", in: Funkkolleg Moderne Kunst, Studienbegleitbrief 11, Tübingen 1990, S. 84–122

Vischer, Theodora: Beuys und die Romantik, Köln 1983

Wiedemann, Christoph: „Das Vermächtnis Beuys: pures Dynamit", in: PAN, 8/1988, S. 72–73

Wolff, Renate: „Veni, vidi, video", in : ZEIT-Magazin, Nr. 43, 18.10.1991, S. 82–93

„Happening mit Sauerkraut“, in: Tagessspiegel, Nr. 7136, Berlin, 1.3.1969, S. 4

„John Cages Einfluss auf die Moderne“, in: Kunstmarkt, 10/1991, S. 8

„Zerschlagene Klaviere. Ein Beuys-Konzert und die Folgen in Berlin“, in: Frankfurter Allgemeine Zeitung, Nr. 54, 5.3.1969, S. 28

Composer John Cage. Konzepte wider den Zwang, du, Nr. 5, Mai 1991

Mit Dank an Hans van der Grinten für das ausführliche Gespräch am 2.11.1991 in seinem Haus in Kranenburg.

Schallplatten

In memoriam George Maciunas. Klavierduett Joseph Beuys & Nam June Paik, Edition Block, Berlin 1982

Henning Christiansen: op. 50 Requiem of Art aus „Celtic“ – Joseph Beuys/Henning Christiansen: Schottische Symphonie aus „Celtic“, Galerie Bernd Klüser/Edition Schellmann, München 1986[2]

Albrecht D. & Joseph Beuys, samadhi record 1003, Neuauflage, Stuttgart 1987

Henning Christiansen: Abschiedssymphonie, Edition Block, Berlin 1988

Über diese Arbeit

Die Musikwissenschaftlerin Sigrun Hintzen legte unter ihrem Mädchennamen Sigrun Speh den Grundstein für die Erforschung des Themas „Joseph Beuys und Musik". Sie schrieb diese Arbeit 1991/1992 als Studentin von Prof. Dr. Antje von Graevenitz am Kunsthistorischen Institut der Universität zu Köln. Die verwendeten Quellen sind daher auch nur die bis dahin erschienenen Publikationen.

Neben der Monographie „Klang und Skulptur" von Mario Kramer (1995) und den Rundfunkarbeiten „Requiem of Art. Joseph Beuys & Musik" von Thomas Groetz (Deutschlandradio Kultur, 2016) und „Ich höre die Bäume. Klang und Musik bei Joseph Beuys" von Michael Arntz (WDR 2019) ist die Forschungslage zur Musik im Werk von Joseph Beuys weiterhin überschaubar. Im Beuys-Jahr 2021 wird daher diese Arbeit nun endlich veröffentlicht.

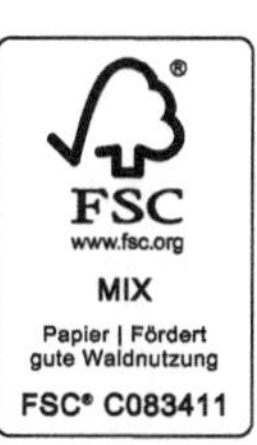

Zeitfracht Medien GmbH
Ferdinand-Jühlke-Straße 7
99095 Erfurt, Deutschland
produktsicherheit@kolibri360.de